まず やってみる 行動力の鬼

鬼丸ホーム株式会社 代表取締役
鬼丸直樹

SOGO HOREI PUBLISHING CO., LTD

はじめに

本書を手に取っていただき誠にありがとうございます。

はじめまして。鬼丸直樹と申します。

私は北九州市出身で、現在は地元を拠点にハウスメーカーの鬼丸ホームを経営しています。

会社を設立した当初から「すべり台のある家」を打ち出し、自身が「元大工」である知識と確かな技術力を武器に、ここまで経営を続けてきました。

また、格闘家・朝倉兄弟のスポンサーをしたり、人気ユーチューバーのヒカルさんのチャンネルに出演したりと、ここ数年は自分自身が表に出ることも増えています。

今回「本を出したい」と思った理由は、「**私だからこそ伝えられること**があるかもしれない」と考えたからです。

……と言うのも、私はかなり荒れた10代を過ごしました。

中学時代は家にもろくに帰らないような不良で、高校は中退。

勉強した記憶はほぼなく、学歴は「中卒」です。

さらに18歳で初めての結婚をし、19歳のときに第一子が誕生。その後、二度の離婚を経験し、子どもは5人います。

この経歴だけを見たら、「この人、かなりヤンチャしてきたんだな」と思われるでしょう。

そんな私ですが、今は年間40億円の売上を出すハウスメーカーの社長です。

もちろん、いきなり数十億円の売上を出せたわけではありませんし、経営者になるにあたり、挫折するような失敗も多く経験してきました。

そもそものきっかけは、20代半ばでの資格取得。

「このままではダメだ」

「自分を変えたい」

「夢を叶えたい」

このような漠然とした想いを抱えていたものの、特に大きな行動をしていなかった私は、変化を求めて、一念発起。

大工として働きながら、今まで向き合ってこなかった勉強にチャレンジしました。

できることなら苦労せずに人生はうまくいってほしいものですが、**「何かを成し得るための苦労」は大切**です。

慣れない猛勉強に悪戦苦闘しながらも、資格を取得したことが、人生の転機となりました。

「人生には必ずチャンスがある」と思っています。

私の一つ目のチャンスはこの資格取得のための勉強です。

学歴があるに越したことはありませんが、**学歴がなくても、行動力と戦略があれば社長になれる**。

それを体現した私だからこそ、伝えらえることがあるのでは……そう思ったのです。

この本では、私の生い立ちや家族とのエピソード、そしてどのように今の生き方を手に入れたのかまでを詳しくお話しします。

本書の軸の一つになるのが、**「話題になること」の重要性**。

私はこれまで、YouTubeなどSNSで何度か炎上を経験しています。

話題になることの怖さも体験しましたが、それを踏まえても「話題性が大事だ」という想いは変わりませんでした。

なぜ「話題になること」が大切だと思うのか、そしてリスク以上に何が得られるのか、本書の中でじっくりお話したいと思います。

そして、もう一つの軸は**「行動力」の重要性**。

今、「何者かになりたい」ともがいている人は多いと思います。

「何かを成し遂げたい」

「有名になりたい」

「結果を残したい」

このように特に若い世代では、野心に燃えている人がたくさんいるのではないでしょうか。

そういう人にこそ、私は行動力の重要性を伝えたいのです。

多くの人は、失敗を恐れ行動にブレーキをかけてしまいます。

しかし、そのままでは何も変わりません。


「何者かになりたい」と願うなら、行動。

小さな失敗は、厳密には失敗ではありません。

失敗は成功するまでの「ただの経験」でしかないのです。

取り戻せる失敗なら、いくらでもしてＯＫ。

その積み重ねの先に、成長があります。

本書でお話するエピソードや考え方を通じ、私をここまで後押ししてくれた成長の秘訣をお伝えできたら幸いです。


本書を手に取った時点で、「何者かになる」ためのきっかけを手にしたと言っても過言ではありません。

さぁ、私の物語を読みながら、「何者かになる」ために動き出しましょう。

２０２４年9月吉日
鬼丸直樹

CONTENTS

CHAPTER 1

オンリーワンの家をつくる発信力

CHAPTER 2

自分の未来をつくる「努力」の行動

CHAPTER 3

全国区を意識した惹きつける戦略

CHAPTER 4

話題性を取り入れ加速する影響力

CHAPTER 5

情報に流されない軸をもて

ブックライティング　堀越愛
ブックデザイン　木村勉
本文DTP＆図表制作　横内俊彦
校正　新沼文江

PROLOGUE

「世間のイメージ」をぶっこわす

世間のイメージとリアル

「鬼丸ホーム」
皆さんは、この会社がどのような事業をしているかご存じでしょうか？
『BREAKING DOWN』のスポンサーをしている会社……。
格闘家・朝倉未来選手のスポンサーをしている会社……。
朝倉未来選手やユーチューバーのヒカルさんの動画に出演している社長の会社……。
TikTokでフォロワーとじゃんけんをしてご馳走をするチャラい経営者……。
もちろん名前を聞いたことがない人もいると思います。

改めて自己紹介をします。

私は、「鬼丸ホーム」という地元の福岡に根付いた家づくりの会社を経営している鬼丸直樹という者です。２０１２年11月に設立し、今では福岡を中心に10箇所の拠点をもつまでになりました。

鬼丸ホームの強みは、高い施工力です。

そして、施工力があるからこそ実現できる、自由度の高い注文住宅が強みの会社です。これまで、屋上庭園や屋上テラス、すべり台、プールなど、常識にとらわれない遊び心のある、**「見て楽しい家」**や**「住んで心が躍る家」**を手掛けてきました。

２０１９年からは、私が格闘技好きということもあり、格闘家・朝倉未来選手のパンツスポンサーをしています。そのご縁がつながり、２０２１年には朝倉未来選手が監修した家「MIKURU HOUSE」の販売が実現。朝倉未来選手から案をもらい、隠し部屋をつくったり、家の中にサンドバッグを吊るしたりするなど映画や漫画のような戦う男のロマンあふれる家をつくりました。

ここでも鬼丸ホームの施工力の高さが活かされました。

そして2022年夏、鬼丸ホームは『BREAKING DOWN』のゴールドスポンサーになりました。スポンサーは、第5回大会から現在（2024年6月時点）に至るまで継続しています。

『BREAKING DOWN』とは、さまざまなバックボーンをもつ人々が「1分1ラウンド」で戦う総合格闘技大会。出場者は格闘家に限らず、ユーチューバーやダンサーなど多岐にわたります。知名度のない人が有名になれたり、人生を諦めていた人の再起のきっかけになったり……。

「何者かになりたい」と行動して奮闘する出場者の想いと大会に秘められた魅力に共感し、スポンサーになることを決めました。

また、2024年の4月からユーチューバーのヒカルさんの動画にもご縁があって出演しました。それは、成功を呼ぶ石として知られるルチルクォーツというパワーストーンを用いて家を建てるヒカルさんの企画があり、そこで家づくりの会社として私が呼ばれたことがきっかけです。

そこからも鬼丸ホームの社長として、一日取材の企画やプロポーズの企画などさまざまな形で出演しています。

このようにスポンサーになったり、YouTubeに出演したりすることで鬼丸ホームの知名度は上がり、全国的に知られる住宅会社になってきています。

ただ、知名度が上がると同時に、格闘技のスポンサーをしていることと鬼丸という言葉の響きで「怖い」という印象をもたれることも増えました……。

「鬼」の言葉の強さと格闘技、そして、かつて「修羅の街」と呼ばれた北九州に本社があることも影響し、「怖そう」というイメージが生まれてしまったのです。

柔軟で堅実な家づくりをお客さんや関係者に評価してもらう一方で、事業の内容を知らない人には「怖い」と思われてしまう……。

そのギャップに悩むこともありますが、「鬼丸」という社名は非常に気に入っています。インパクトがあり覚えられやすい、というメリットを感じているからです。

鬼丸ホームに対して、**漠然と抱かれた怖いというマイナスな印象も「まずは名前を覚えてもらえた」とポジティブにとらえる。**

そして、これから柔軟で堅実な家づくりの会社だと「鬼丸ホーム」の名前とともに認識してもらえるようにしていきたい次第です。

格闘技のスポンサーや TikTok 、YouTube に社長として前に出て顔を出していると、社長業は気楽なものだと思われるかもしれません。

社長であるからには、家を購入するお客さんに満足してもらい、事業として成立させ、社員の家庭を守り、関係者にも満足いく支払いをして、より質の良い家をつくってもらうことは当たり前ですが行っています。

そして、そのためには社長として自分が前に立ち、自社を知ってもらうきっかけになればと考えています。たとえば、営業担当がお客さんと話す際に、「うちの社長って変わっていて」など会話のきっかけとして使ってもらえるのです。

前に出ればもちろんＳＮＳで悪口を言われたり、叩かれたりすることはありますが、自分が顔を出して前に出ることで、自社のためになると思い**ポジティブに行動**しています。

生きざま

人は人生で踏ん張ったり、頑張ったりしなければいけないステージがあると思います。

私もその経験を味わい、人生で一度だけうれしくて号泣したことがあります。

それは、27歳で宅地建物取引士（宅建士）の資格試験に受かったときのこと。

もともと、私は勉強が大嫌いでした。

中学生から徐々に、「不良」に憧れるようになり、「不良少年」と世間でいわれるような態度を取り、勉強をする習慣は全くありませんでした。

高校も勉強がいやで中退しましたし、当時はすべてのことから逃げていたと思います。

「やっぱり高校は出ておいたほうがよいかな」と夜間学校に通いはじめていた18歳のとき、当時付き合っていた彼女が妊娠しました。

彼女は16歳。そのまま夜間学校に通い続けるなど言語道断、「家族を養う」という責任が生まれました。

まず、働いて生計を立てることが一番の目的になったのです。

しかし、今までバイトをしたことはあったものの、長続きしたことなど一度もありません。

自分に何ができるのか……。

このようなことも思いましたが、「働いて、家族を養うんだ！」と求人雑誌を見たり、働いている友人の話を聞いたりしました。

自分が車好きということもあり、車のディーラーやトラックの運転手などの車に関わる職種に就くかと考えていたとき、ふと昔の父親の働いている姿が頭をよぎりました。

工務店を経営し、難しい顔をしながらもどこか楽しそうに家づくりを行っている父親が思い浮かんだのです。

その家に住む人のことを考えながら試行錯誤する父親。

そこで、思い切って父親に相談し、父親の紹介で、私は大工として働きはじめることになりました。朝早くに起き、体を動かす毎日。

仕事に慣れていないこともあり、怒られながらもとにかく必死に働きました。

はじめは、家族のための「稼ぐ」でしたが、徐々に職人としての家づくりの関わり方がわかり、働くことの楽しさを見出しはじめました。

しかし、7~8年ほど働き、仕事にも慣れたときに「**このままではダメだ、変わりたい**……。仮に父親の事業を継承するにしても、もっと大きな会社にしたい……。

職人としての実務だけではなく、もっと多くのことを学ばなければ……」と思うようになります。

私は思い悩み、大工からハウスメーカーへの転身を考えるようになりました。ハウスメーカーに転職すると決意したものの、学歴も経験もない私が面接に行っても太刀打ちできるわけがありません。

何か武器をもたねば……。

そう思った私は、宅建士資格の取得を目指すことにしました。

宅建士とは、宅地建物取引士、つまり不動産取引の専門家のこと。

資格を取得することで、不動産に関する重要事項の説明など、宅建士にしか許されていない独占業務ができるようになります。

宅建士資格を取得するため、大工を続けながら慣れない勉強をしました。

学生のときに嫌いで逃げ出した勉強……。

勉強の方法もわからず、ただがむしゃらに合格というゴールに向かって問題を解いては覚えて、間違えては覚えて、を繰り返す日々。

勉強が嫌いなはずだったのですが、宅建士資格を取得するという目的が明確であり、大工として実務をこなしていたので内容が思ったより頭に入ってきました。

もちろん、勉強をするクセがないため、仕事に疲れて勉強をせずに寝てしまう日もありましたが、受験日から逆算して、やらなければいけない勉強と向き合っていきました。

絶対に合格できるとはいえないまでも、自分の中で少しずつ「合格」に近づいていると自信がついて挑んだ試験。

残念ながら最初のチャレンジは失敗に終わります。

もし、このときに合格点に遠く及ばなければそのまま挫折していたかもしれません。

しかし、あと数点足らずで合格と知り、私は**自分がやってきたことは無駄じゃないとポジティブな考えに切り替え**、来年こそ合格をつかんでやろうと心に決めたのです。

そこからも、大工として働きながら、めげずに毎日眠い目をこすりながら勉強を続けました。

その結果、２年目で合格することができました。

この合格が**私のターニングポイント**です。

「人生でもっとも頑張った期間」と言っても過言ではありません。

うれしくて涙があふれる感情をはじめて経験しました。

この感情は「合格した」結果というよりは、はじめて勉強に向き合い真剣に努力した自分が報われたことと、勉強時間を確保してくれて自分を信じてくれた家族に感謝した感情が混ざり合い、涙に形として現れたと思っています。

人には絶対に逃げ出してはいけない「努力」のタイミングがあります。

それは他人には些細なことでも、当事者にとっては人生を大きく変える出来事です。私は、たまたまこの資格取得だっただけのことです。

いやなことからは逃げていいと思います。

ただ、**ここぞというタイミングは決して逃さずに全力で行動すること**で、人生にとって大切な何かをつかめるかもしれません。

私は宅建士の資格を取得したことで、自信もつき、次に目指したのは建築士の資格取得です。

建築士になるためには、専門学校を卒業するか、7年以上の実務経験が必要です。

当時、私は26歳。大工として、すでに8年の実績がありました。

幸運にも建築士の試験に合格し、私はハウスメーカーへの転職を叶えました。

その後、34歳のときに双子の弟と鬼丸ホームを創業しました。

企業としての変遷

私の人生の分岐点は宅建士の資格取得ですが、会社としての分岐点もあります。

鬼丸ホームの分岐点は、２０１９年です。

朝倉未来選手と出会ったことで、会社を取り巻く状況はガラッと変わりました。

朝倉未来選手のパンツスポンサーをはじめ、朝倉未来選手に協力してもらうことで、会社の知名度が上がりました。

それにより、さまざまな人に鬼丸ホームを知ってもらい、会社として大きく成長できたと感じています。

格闘技に関する活動を増やしたことで「怖い」というイメージはついてしまいま

したが、それを補って余りある効果でした。

コロナ禍や海外の紛争の影響などで住宅市場の原価は高騰しました。億単位の赤字を抱える同業者も多い中、鬼丸ホームは順調に成長を続けています。

ただ、会社として順風満帆に成功していたわけではありません。

2022年に大阪進出をしましたが、そこで1億円以上の赤字を出してしまいました。展示場をつくったものの集客ができず、業績を上げることができなかったのです。遠隔で管理するにも限界があり、徐々に赤字が膨らみました。

知名度が上がったとしても、それが売上に直結するわけではありません。

大阪進出は志半ばで諦めることになり、2023年12月に撤退。

大きな損失を出してしまいましたが、これも会社にとっては財産です。

この出来事は失敗だとはとらえていません。

私は**諦めた瞬間が失敗という出来事になる**と考えています。

もちろん大阪からの撤退は成功ではありませんが、**「なぜ、うまくいかなかったか」を考え、ポジティブに変換することで次の成功するきっかけをつかむ**のです。

つまり、**世間でいわれる失敗は、私の中では「まだ成功していないだけの出来事」**ということです。

一度いやな出来事を経験してしまうと、人はなかなか前向きな行動を起こせませんが、これから成功すると信じてとにかく動くことが一番大切だと思っています。

重要なのは、つまずいた現状から「なぜ?」と原因を探し出し、次の前向きな行動につなげていくことです。

私は社長としてかつて、「とにかく全国展開したい」と心を燃やして、知名度を上げるように取り組んでいました。

しかし、今は考えが変わり、「もっと地元に貢献できる企業になりたい」と思い、鬼丸ホームをさまざまな人たちに知ってもらい、地元の北九州にこれまで以上に還元できるようにしていきたいと思っています。

個人的な想いとしては、**育った土地に対する恩返し**。

家づくりだけでなく、スポーツチームに協賛するなど、地元を盛り上げられるような活動にも手を広げたいと考えています。

CHAPTER 1

オンリーワンの家をつくる発信力

子どものころに描いた「あったらいいな」を形にする

家の中にすべり台やのぼり棒を設置するなど、鬼丸ホームは遊び心のある家づくりを得意としています。

特に人気が高いのは、すべり台がある家です。

住宅展示場のモデルハウスにもすべり台を設置しており、訪れた人から好評です。

なぜ家の中にすべり台をつくりたいと考えたのか？

「すべり台のある家をつくりたい」と思ったきっかけは、子ども時代にさかのぼります。この発想のもとになっているのは、自分が幼いころ思っていた「ブランコがある家は多いけど、すべり台があったらもっと楽しいのに……」という想いです。家族でモデルハウスに見学に来ても、多くの場合は親が打ち合わせをし、子どもは退屈そうにしています。

待ち時間が遊びの時間に変われば……。

この子ども視点での発想も重なって、すべり台があるモデルハウスのアイデアが生まれました。

ただ、父からは「すべり台のあるモデルハウス」の案を猛反対されました。

父はこの業界で40年のノウハウをもっています。

父がやってきたこととあまりにもかけ離れた案だったため、納得できなかったのだと思います。自分なりに説得しようと議論を重ねましたが結局、最後まで納得してもらうことはできませんでした。

しかし、父に否定されて諦めたわけではありません。

今まで誰もやってきたことがない突拍子もないアイデアであり、面白さがあるか

らこそやり遂げようと私は思ったのです。

この案に自信があった私は、賛成してくれた弟と一緒に独立しました。

そして、自分が「実現したら面白い、子どもたちが楽しく遊べる、**誰もやったことがないからこそ話題性を呼ぶ**」と考え、行動し、すべり台のあるモデルハウスを実現しました。

これが、鬼丸ホームの設立につながります。

当時、私が強く思っていたのは「**誰かがやっているような今までと一緒のことをやっても成長できない**」ということです。

すべり台のある家づくりは、ただ幼いころの夢を実現したいがためだけに言っていたのではありません。

「他社にはない施工力」をアピールする手段としても、有効だと思っていました。

もちろん誰もやったことがない案であるため、父のように「できない」と反対する人もいましたし、職人からもすべり台を家につくるのは構造的にも、費用感的にも厳しいと言う人もいました。

しかし、自分自身が大工として現場に出ていた経験もあり、私は「技術があればすべり台の家は実現できる」と確信していました。

ただ、確信していただけでは正直なところ、すべり台を家の中につくるという案は実現していなかったと思います。

その自分だけの確信を信じてくれた弟の存在は非常に大きいといえます。

共感してくれる弟がいたことで、今の鬼丸ホームにつながる第一歩を踏み出せたわけです。

新しいことをはじめるとき、失敗を恐れる人は多いと思います。

しかし、私は失敗についてはあまり考えません。

思いついたら、即行動。

すぐに人に話し、仲間を集め、実現に向け行動します。

人に話す理由は、その意見に賛同して協力してくれる人を増やすためです。

もちろん、失敗をすることはあります。

むしろ、成功する可能性のほうが低い

とすら思います。

ただし、**やってみなければ成功することはありません**。小さな失敗であれば、どんどん経験していいと思うのです。

父に反対されたときに実行せずに父の意見を受け入れていたら、今の私はありません。

あのとき諦めなくてよかった、と本当に思います。

自分の行動やアイデアに否定してくる人がいたら、「新しい何か」をつかめるチャンスと前向きにとらえて、実現のために動いていくことが非常に重要です。

話題性が人を呼ぶ

私は常に、「話題性」を意識して意思決定をしてきました。

話題を呼ぶためには、差別化が必要。

そして差別化をするためには、「新しいこと」にチャレンジするのが一番の近道です。

11年間経営を続けてきて思うのは、「**世の中の変化についていくことが大事**」ということ。

変化に取り残されているようでは、新しいことにチャレンジできないからです。

たとえば、鬼丸ホームを立ち上げたころと今では、住宅事情は非常に変わっています。どんなに優れた営業マンでも、昔のやり方にこだわりながら成功を続けることはできません。

常に**成功し続けるためにはかつての常識にとらわれず、新しい考え方を取り入れることが重要**なのです。

それがほかとの差別化につながり、話題性を呼ぶのです。

では、なぜ人は「話題性」があることに惹きつけられるのでしょうか?

それはおそらく、「自分がやっていないこと」だからです。

たとえば、鬼丸ホームが力を入れているYouTube。住宅会社でここまでYouTubeを活用している会社は、ほかにはありません。

みんながやっていることではない、だからこそ、YouTubeを活用したプロモーションに意味があるのです。

とはいえ、話題性を求めるために過激なことをしたいとは思っていません。

極力、炎上もしたくありません。

鬼丸ホームはこれまで何度か炎上を経験しており、炎上するかしないかの線引きには難しさを感じています。

ただ、炎上が怖いからといって行動を止めることはありません。

最近は「わかる人にだけわかってもらえればいい」と思うようになりました。

全員に支持される行動なんて、ほぼないと思うからです。

万人に受け入れられるものには独自性はなく、特定な人に届くものには独自性があります。

そのため、**世間の常識をしっかり把握したうえで、そこから抜け出すように行動して、アイデアを探っていくことが大切**だと思っています。

住宅展示場は「なんでもできる」をアピールする場

住宅展示場とは、複数のハウスメーカーが一つのエリアにモデルハウスを建てた施設のこと。一戸建て住宅の購入を検討している人が、さまざまなメーカーのモデルハウスを比較検討できる場所です。

鬼丸ホームにとって、住宅展示場は「家を売る」だけにとどまらない意味をもつ場所です。

その意味とは、ブランディング。

大手ハウスメーカーが手掛けた家と並ぶことができるので、私たちのような小規模の会社にとって大きなブランディングの場所となるのです。

鬼丸ホームは知名度こそ大手に負けるが、地元企業だからこそ良い家を安く提供できる……それを伝えられる、またとない好機です。

そして、住宅展示場にやってくるお客さんは、これから家を建てようとしている人。

言うまでもなく住宅は高額ですし、「一生に一度の買い物」としてこだわりをもっている人がたくさんいます。

この「こだわり」こそが、鬼丸ホームの腕の見せどころなのです。

大手ハウスメーカーの場合は細かな決まりがあるため、手間や技術面の問題から購入者の希望すべてを叶えることはできません。

私たちは、大手よりも柔軟に対応できるのが強みといえます。

購入者の希望を「どうしたら叶えられるか」を考えるのです。

費用よりも、まずはそこに住む人の価値観や想いに寄り添いながら、案を提供していきます。

たとえば、購入者からの希望で「うんていがある家」をつくったことがあります。

木造住宅の場合、うんていを取りつけると天井が垂れ下がりやすくなるという問題があります。

他社だと費用感を鑑みて、断ってしまうところが多いと思いますが、アイデアと施工力の高さを活かして実現することができました。

うんていのほかには、「のぼり棒がある家」をつくったこともあります。

このときは、天井をくり抜いてのぼり棒を設置しました。

また、中庭にプールとスライダーをつくったことなどもあります。

住宅展示場は、家を売るだけでなく「なんでもできる」をアピールする場でもあるのです。

他社にかなわないところで勝負をするのではなく、自社だからできる強みを把握して、その強みを伸ばしていくことがブランディングになるのです。

「面白い」を叶える家づくり

家をつくるためには、当たり前ですが大工という職人が必要です。鬼丸ホームが目指す遊びのある家を実現するために、彼らの協力は欠かせません。鬼丸ホームの家づくりに協力してもらう職人は、私が直接打ち合わせを行い、お願いしています。

仕事を依頼したいと思う職人の条件は、**コミュニケーション能力があること**。技術力はもちろんですが、現場で住宅購入者のお客さんに接することもあるため、コミュニケーション能力も重要視しています。

会社から購入した家という認識ではなく、あの職人が一生懸命建ててくれた家と思ってもらうためにも、私はこの条件を非常に大切にしています。

職人として求めることが多い分、他社に比べると職人に依頼する単価も少し高めにしています。おそらく、他社の1・2倍以上はお渡しできているのではないかと思っています。

また、職人とのやり取りで活かされるのが私自身の「元大工」という経歴。

職人に「そんなことできるわけない」と言われても「いや、こういうやり方をすればできますよ」と具体的な方法を提案できるのは私の強みだと思います。

たとえば、鬼丸ホームの代名詞ともいえる「すべり台のある家」。

最初は、職人から「どうやってすべり台をつくるんだ？」と苦言を言われてしまいました。

ただ、自分が大工をやっていた経験から曲がるベニヤ板の使用を提案でき、うまく実現にもち込めたという事例があります。

このように「お客さんの希望をどうにかして叶える」姿勢、そして大手に比べてローコストであることなどから、自ずと地元関係者からもお客さんを紹介してもらえる機会が増えました。

通常、家づくりはこだわればこだわるほど高額になります。

また、手間が増えるためハウスメーカーから「できない」と言われてしまうことも増えます。

鬼丸ホームは利益以上に**「喜んでほしい」という想いを重要視**しているため、満足度は高いと自信をもっています。

「なんだそりゃ」

「ふざけている」

「家づくりは遊びじゃないんだ」

すべり台のある家を出したときは、さまざまな否定的な意見を浴びせられました。

このようなうれしくない意見を言う人もいましたし、それが好評だと知られるや否や同業者にそのままアイデアをパクられたこともありました。

鬼丸ホームが手掛ける家とうり二つの「すべり台のある家」を見たときはびっくりしましたし「そのままパクるの!?」と驚きましたが、同時に「うちのアイデアを使ってくれたんだ」という喜びに近い気持ちも生まれました。

自分が形にしたアイデアをパクられることは、それを見て他人も素晴らしいと感じて取り入れているので、自分の考えは正しかったと自信につなげていきます。

もちろん自分たちでつくったものをパクられているので素直に気持ち良くはなりづらいものですが、マイナス面ばかりにとらわれると自分たちが疲れてしまうだけなので、**その出来事からプラスの面を抜き取り、自分の中でポジティブに転換するように考えていくことが大切**といえます。

間取りや図面に特許はないので、実際パクっても問題はありません。

むしろユーチューバーとのコラボレーションなど、**他社がやらないアイデアをさらに取り入れる**ことで特別感を出していきたいと考えています。

他人と比較して生まれる新しい発想

「すべり台のある家」やユーチューバーとのコラボレーションなどに取り組んでいると、よく「発想が新しいですね」と言われます。

意識してそのようにしているわけではないため、「こうすれば発想力が生まれます」とアドバイスすることは難しいのですが、**自分なりに「これが発想の秘訣では」と考えているのが他者・他社を知ること**です。

たとえば「**自由な発想をしている人」の情報に触れること**はかなり有効だと思います。私がよく見るのは、結果を出しているユーチューバーのチャンネルです。

不動産とYouTubeに関連はないと思うかもしれませんが、どこにどのようなヒントがあるかはわかりません。ヒカキンさんのチャンネルを見ながら「この発想を住宅に取り入れたらどうかな?」と考えることもあります。

現在では新しい取り組みをしている人の動向をSNSやYouTubeですぐに見ることができます。**新しいことをしている人や話題になっている人の動きやコンテンツを見ることで、自分の考えの枠は広がっていく**と思います。

先ほどの家の中にあるすべり台の例にもありましたが、新しいことに関して人は否定的になりがちになるため、「今」新しいことを実践している人と触れることで、無意識にしても、常識に縛られた考えから抜け出しやすくなっていくはずです。

ここで**重要なことは、「ただ見る」ではなく、いかに「自分に落とし込むか」**だと考えています。**イメージとしてはそのままパクるのではなく、発想を借りて、自分の業界（環境・状況）で育てていくこと**です。**自分の軸×まったく別の軸を「掛け合わせる」**とも言い換えられると思います。

無理やりでもよいので、別ジャンルの人がやっていることを掛け算してみると何かが生まれるかもしれません。

同業他社との比較

異なるジャンルからヒントを得ることも有効ですが、**ライバルとなる同業を知ることも重要**です。

私も、同業他社の研究は徹底的に行っています。人により異なるため一概には言い切れませんが、私の場合は「帝国データバンク」を活用します。

「帝国データバンク」とは、企業情報のデータベースのこと。日本最大手の企業信用調査会社により、各企業の財務情報などが提供されています。

私が特にしっかり確認するのは、「帝国データバンク」に掲載されている他社の財務内容。財務内容を見ていると、莫大な売上を出している企業でも「実は利益があまり出ていない」などの実情を知ることができます。

そして**他社を研究すると、徐々に「なぜ利益が出ないか」が見えてきます**。

たとえば、人件費がかさみ、経営を圧迫している企業があったとします。そこから得られる学びは、「たくさん人を雇うより、一人をしっかりと育てたほうが良い」ということ。

むやみに正社員を採用するのではなく、有能な一人のビジネスパーソンをじっくり育てるほうが会社にとってメリットがあるのだと関連づけることができます。

採用面はシビアに考える一方、鬼丸ホームはほかのどのハウスメーカーよりも従業員に高い給料を払っています。

年収1000万円を超える社員も複数名おり、この規模のハウスメーカーとしては異例だと思います。

高い給料を出すのは、優秀な従業員がほかの会社に引き抜かれないためでもあります。住宅業界は業界内での転職が多いため、鬼丸ホームはこのようにして人材の流出を防いでいます。

これは決して会社だけの話ではありません。

個人であっても必ずライバルとなる人や目指すべき人がいると思います。

その人を自分が調べられる範囲で分析し、なぜうまくいっているのかを見ながら、自分の今の立場と見比べて何が足らないか、何をすれば近づけるのかを探っていくことが大切です。

もう一つ**重要なことは、ライバルや目指す人だけではなく、その業界でうまくいかなくなってしまった人やうまくいっていない人も分析する**ことです。

「なぜうまくいかなくなったのか」「なぜうまくいっていないのか」を知り、自分に反映していきます。**他者がつまずいたところを分析して、自分にも同じことが起こらないように吸収していく**のです。

結果は偶然の産物ではなく「比較」から生まれるのです。

発想と行動はセット

発想力を育てるためには、他社との比較が必要と説明しました。

しかし、発想力があるだけでは結果につなげることはできません。

結果を出すために必要なのは、**スピード感をもって決断・行動する**ことだと考えています。

たとえば、私はなんでも思いついたらすぐ人に共有します。

特に双子の弟には、何かあれば即座に電話して共有します。


そして、**動きながら「次に何をすべきか」**を考えます。

自分の性格もありますが、私は「考えている時間がもったいない」と思うタイプです。なかには、時間をかけて考え抜き、企画書を練ってプレゼンすることが得意な人もいるかもしれません。

人それぞれ得意な方法があるとは思いますが、私は**「まずは行動し、やりながら考える」ほうが結果が出る**と思うのです。

スピード感をもって物事を進めていく考え方は、経営者になってから生まれたものではありません。どちらかというと、昔から「思い浮かんだらすぐ形にしたい」というタイプでした。

後先考えずに実行するので失敗も度々してきましたが、ダメだと気づいたらやめればよい。そこで出た損失は別で補えばよいと考えています。

結果は行動してはじめて形として表れるものです。

どんなに良いアイデアを頭の中にもっていても具現化できていなければ、「ない」に等しいといえます。

アイデアは口に出して、はじめて他者に理解され、形になってはじめて視覚でとらえてもらえるのです。

もちろん行動しているだけでも意味はありません。

アイデアがあれば、まず動いて、形になるように試していくこと。

アイデアがないなら、まず動いて、アイデアを探せるように意識していくこと。

このようにアイデアと行動は切っても切れないものなのです。

CHAPTER 2

自分の未来をつくる「努力」の行動

地元で30年愛される父の工務店

私の父は、工務店を経営する前に大工をしていました。

父が大工として働きはじめたのは、16歳のとき。福岡の田舎から北九州に出て、工務店に弟子入りしたのです。

そのあとは住み込みで働きながら、定時制高校に通いました。


私も体験したからこそ、当時の父の仕事と勉学の両立の大変さがわかります。

働きながら将来のことを考えて、知識を蓄える。

一時の感情では動けますが、継続するのは非常に骨が折れることだったでしょう。

そのあと、職人として経験を積み、昭和57年に独立をした父。私が４歳のときです。

今でも鮮明に覚えている幼少期の思い出があります。

それは、夏休みに弟と二人で父に連れられて、工務店の倉庫に遊びに行ったときのこと。父の計らいで、森で採取したカブトムシやクワガタのためのおがくずをもらいました。

当時の私と弟は、これで昆虫が住みよい環境をつくれるぞ、とワクワクしたものです。

そのため、今でも木の香りと一緒に当時の映像を思い出すことができます。

そこから成長するに従い、父の職業に漠然と憧れを抱くようになりました。

そのような父の姿を見ているうちに、なんとなく、「将来は父のような仕事をするのかな」と考えていました。

住む家の人を考えて、地元の人が住みやすい家をつくる。少し古風な表現にはなりますが、「汗を拭う職人」のかっこよさを背中で教えてくれたのは紛れもなく父だと思っています。

父の「住む人のことを考えて、家を建てる」のマインドは、今の鬼丸ホームにしっかりと受け継がれています。

補い合いながら育った双子の弟

私の人生を振り返るとき、双子の弟・博樹を欠かすことはできません。

生まれたときから一緒にいる弟は、家族以上の存在で、親友のような存在でもあり、今では頼りになるビジネスパートナーでもあります。小さいころから今に至るまでずっと仲が良く、自分にとっては「分身」みたいな存在です。

一緒にいて気が楽ですし、話をしていても「阿吽《あうん》の呼吸」を感じます。

この感覚は、普通の兄弟にはない独特のものだと思います。

困ったら互いに話し合い、時には言い合い、喧嘩をして、また固い絆で結ばれる。

この関係があったからこそ生まれた鬼丸ホームと言っても過言ではありません。

２０１２年11月、私は弟と二人で鬼丸ホームを設立しました。

私と弟は、双子とはいえ性格は全然違います。

行動派の私とは反対に弟は冷静なタイプ。

私にとって〝女房役〟ともいえる存在で、お互いに足りない部分を補い合って生きてきたと思います。

たとえば、「帝国データバンク」で他社の情報を取り入れるようになったのは、弟の影響です。私は分析が苦手なので、一人で経営をしていたら他社情報の分析などは絶対にやっていなかったと思います。

私の苦手分野を弟が担ってくれていたからこそ、鬼丸ホームはここまで成長することができました。

生まれたときから一緒にいる弟のおかげで、**苦手なことやできないことは自分一人で抱えずに周りのできる人に助けてもらう**という考えが自然とできているのかもしれません。

弟がいて良かったと思うことのほうが圧倒的に多いのですが、子どものころは比較されることに嫌気が差したこともあります。双子の宿命ですが、常に兄弟で比べられてしまうのです。弟も比べられることに何かしら不満を感じていたと思います。

運動神経は私のほうが良かったのですが、勉強は弟のほうが優秀でした。

小学生のころから学力に差があり、肌感覚ですが、褒められることは弟のほうが多かったと思います。私は「自分は自分」と我を通すタイプだったので、「弟より勉強を頑張ろう」とはなりませんでしたが、常に「自分より弟のほうが優秀だな」と思いながら育ってきました。

以前、「『博樹はこう言ってたけど俺はこうする』とよく言うよね」と指摘されたことがあります。気づかないうちに、いつも弟の存在を意識していたのかもしれません。

弟は私のことを「決断力と行動力がすごい」と言ってくれることがあります。私は弟のことを「分析力と客観力がすごい」と思っています。

互いに補いながら、チームとして仕事をするうえでは欠かせない存在の弟。

非常にバランスが取れた関係であると自負しています。

そんな切っても切れない関係の私たちですが、弟と二人三脚で育てた鬼丸ホームは2017年に分社化しました。

弟が社長となり、新たに「鬼丸ハウス」を設立しました。

鬼丸ホームは注文住宅、鬼丸ハウスは建売がメインと会社のカラーは異なります。

ただ、同じ業界・同じエリアで活動している以上、やはり競合してしまいます。

ライバル会社としてお客さんを取り合っている状況ですが、切磋琢磨しながらお互いの会社を伸ばしていきたいと思っています。

潰し合う関係のライバルではなく、互いに成長し引き上げる関係のライバルができたのは非常に楽しいです。

荒れた中学時代

中一のときに両親の仲が悪化し、母が家を出ていきました。

これをきっかけに、私は完全にグレてしまいます。

急に生活が変わり、私は戸惑いました。昼食一つとっても、それまでは母が毎日お弁当をつくってくれていたのに、コンビニで買う生活に……。

そんな変化を受け入れることができず、私は父とぶつかることが増えていきます。

そして、家にもあまり帰らないような「不良」になってしまうのです。

今でこそ改善しましたが、当時の北九州は治安が悪く、不良が当たり前のように街に繰り出していました。

私も中二で〝悪い〟先輩と付き合うようになり、いわゆる補導されるような経験を数回ほどしてしまったこともありますし、現在の自分から客観的に見てもかなり荒れていたと断言できます。

勉強熱心だった弟を不良の道に引きずり込もうとして危ない目に遭わせてしまい、父に怒られたこともあります。

深夜に弟と街へ繰り出し遊んでいたところ、自転車で二人乗りをしながらウィリーなどふざけていた際に、電信柱に思いっきり衝突してしまったのです。私は鼻の骨を折ってしまいました。まだケガをしたのが私でよかったです。一歩間違えれば、弟を大変な目に遭わせていたかもしれません。この事故をきっかけに私は「弟を巻き込んではいけない」と思うようになりました。

グレていた時期も弟との仲は良かったのですが、これ以降、弟を不良の道に誘うことはなくなりました。

中学二年生～三年生の途中まで、私はほとんど学校に行っていません。

もちろん、卒業後の進路のことも何も考えていませんでした。

しかし、中三の半ばで母が家に戻り、私は少し落ち着きを取り戻しました。

そして、高校入学を目指すようになり、勉強にも少しずつ取り組むようになります。

志望していた高校に入ることはできませんでしたが、母の存在もあり一時期ほど荒れることもなくなりました。

父が原因で母が出ていったこともあり、当時の私と父は良い関係といえるものではありませんでした。

ただ、仕事人としての父は小さいころから尊敬していました。大工から独立して工務店を立ち上げ、借金をしてまでビルを借り、どんどん会社の規模を大きくしていく……。

野心を抱いて一歩一歩前進していく姿を行動という結果で見ていたからです。

あのころは自覚していませんでしたが、父の頑張りのおかげで何一つ不自由のない暮らしをさせてもらっていたと思います。広い家に住んでいましたし、ハワイやオーストラリアなど海外旅行にも連れて行ってもらいました。

リスクを背負って独立し、結果を出した父のことは男としても、一人の父親としても純粋にかっこいいと尊敬しています。

自分が経営者となった今は、なおさらその想いが強くなりました。

抜け出したい、現状を打破したい

中学時代に私だけ不良の道に逸《そ》れた時期はありましたが、私と弟は生まれたときからずっと一緒でした。

高校一年生のときには一緒に麻雀にハマり、友だちを呼んでよく朝まで卓を囲んで遊んでいました。また、16歳になったときは一緒にバイクの免許を取り、ツーリングに出かけることもありました。弟とは、思春期も変わらず仲が良かったことを覚えています。

中学までは同じ学校でしたが、高校で弟と進路が分かれました。私は男子校、弟は共学に進んだのです。

弟が共学に通っていることを羨ましいと思った私は、強行突破で一日だけ共学体験をすることにしました。弟が起きる前に弟の制服を勝手に着て、家を出たのです。残された弟は、学校を休むわけにもいかず、私の男子校の制服を着るしかありません。

「双子でどうしてこんなに境遇が違うんだ!?」と、どうしても共学を体験してみたくなり、私は弟の高校に潜入。なんと、先生にバレずに潜入することができました。最終的にはバレてしまい、弟も私も「次にやったら停学」と言い渡されてしまいましたが、双子ならではの自分たちだけの特別なエピソードだと思います。

ほとんど弟と一緒に歩んでいた人生がはっきり分かれたのは、高校二年生のとき。それは、私が高校を中退したときでした。

私は夜間の定時制高校に通うことになり、そこで出会った女性と付き合うことになります。そして彼女の妊娠がきっかけとなり、私の人生は急激に変化しました。

当時、彼女は16歳。親同士で今後どうするか話し合うことになり、「中絶」という話も出ました。

ただ彼女の「生みたい」という意志が強く、その様子を見て、私自身も「責任を取って結婚しよう」と決心しました。

そのとき、私は18歳。まだまだ〝子ども〟です。


「家族になる」と決心したことがきっかけで気持ちが切り替わり、生計を立てるため高校を辞めて父の工務店で大工として働くことになり、19歳のときに第一子が生まれ、22歳のときには第二子が誕生。

最初は「家族を養わねば」という想いではじめた仕事でしたが、徐々にやりがいを感じるようになっていきました。

この時期の私が一生懸命働けていた背景には、子どもの存在があります。

傍から見たら子どもが子どもを育てているような状態だったと思いますが、やはり自分の子どもができると責任感も芽生え、大切でかわいい我が子を守ろうとするものです。

何歳だったとしても、覚悟があれば子育てはできるのだと今は思います。

子どもを育てながら、私も一緒に成長することができました。

ただ、私は少しずつ「**このままの生活でよいのだろうか？**」と思うようになります。

人生の分岐点

26歳ごろから、少しずつ「このままだと、これで人生が終わってしまう」と焦りを感じるようになりました。最初の妻と別れ、2度目の結婚生活を送っていた時期のことです。

10代で父のもとで働くようになり、親になり、離婚し、再婚し……いつの間にか、20代半ば。プライベートは順調とは言い切れませんが、家族もいるし仕事はあるし、生活は安定しています。

しかし、この生活に安住していては、父が用意してくれたレールの上を歩くだけで終わってしまう。このまま、**一生何もしていない人生でよいのだろうか……。**

いつしか、私は「**父を超えたい、人とは違うことをしたい**」と思うようになりました。

現状に迷いを感じるようになったのは、父と一緒に受けたコンサルティングがきっかけです。

そのコンサルティングとは、当時ものすごい勢いで売れている大手同業他社のやり方を学べるというもの。私が父を誘い一緒にコンサルを受けたのですが、なんとその費用は500万円。

そして、住宅のコンサルティング会社からその情報商材を高いお金を払って購入したにもかかわらず、私はそこで何も得ることができませんでした。当たり前のことですが、**ノウハウを知っていても行動しなくては結果につながりません。**

今でこそ自分の行動力には自信がありますが、当時の私はまだ甘い考えをもっていました。大工として頑張っているとはいっても、働いているのは親の会社。

〝会社員〟として雇われ、厳しい環境で働くのとはやはり状況が異なります。コンサルティングを受けても結果につなげることができず、「５００万をドブに捨てた」と、父を悲しませてしまいました。

即効性があるノウハウを学べなかったことから、私自身も正直言って「騙された！」と感じずにはいられませんでした。しかし、騙されたわけではなく、私が役立てることができなかっただけです。そのことに当時の私は気がつきませんでした。

大金を出したのに結果は出ず、父とは揉め、自分の行動力のなさにも失望。**心の奥底から悔しい想いをしたことで、私は人生を変えたくなった**のです。

勉強漬けの3年間

人生を変えるために、私は大手ハウスメーカー「レオハウス」に転職したいと考えるようになりました。

ただ、高校を辞めて大工をしてきた自分に転職できるスキルはありません。

そこで、宅地建物取引士（宅建士）の資格取得にチャレンジすることにしたのです。

中学にはまともに通わず、高校を中退し、ずっと大工をしていた私。

勉強は嫌いでしたし、そもそも「勉強の仕方」もよくわかりません。

宅建士の勉強をするにあたり、特に難しかったのは法律です。

「たくさん問題を解くしかない」と思い、とにかく過去問をやり直すことにしました。「過去問を制する者は本試験を制す」と聞いたことがあったため、10年分以上の過去問をそろえ、何度も何度も解き直し、少しずつ理解を深めていきました。

また、慣れない勉強をするうえで、もっともつらかったのは眠気です。

平日は朝8時から17～18時まで働き、19～20時ごろに夕食を食べ、勉強ができるのはそのあとです。毎日夕食後に2～3時間勉強していたのですが、とにかく眠すぎて頭に入ってこない。

翌日も朝から仕事ですし、妻や子どもとの時間も取りたい……。

宅建士になるための学校は日曜コースもあったのですが、当時は日曜日が唯一の休日。「そこは家族と過ごしたい」と死守していたので、平日はずっと疲労感に苛まれていました。

自分なりに頑張ったにもかかわらず、最初の挑戦で宅建試験に合格することはできませんでした。

たったの2点、合格点に届かなかったのです。

「こんなに頑張ったのに、ギリギリで落ちてしまった」と落ち込みそうなものですが、私はむしろ「あと2点のところまで頑張れたんだ！」と自分を褒めてあげたい気持ちになりました。これまでほとんど勉強をしたことのなかった自分が、合格に手の届くラインまで成長できたのです。

宅建士の合格率は、15〜17％といわれています。

この試験に挑戦する受験者は大学を出ている人のほうが多いと思います。


勉強漬けのつらい生活をもう一年やるのは、正直言って相当しんどいことです。

一度のチャレンジで諦めてしまう人もたくさんいるでしょう。

ですが、私は「あんなにダメだった自分がここまで頑張れた」「中卒の私があと一歩まで食らいつくことができた……!!」というポジティブな考えに物事を転換させ、挫折せず二年目に突入できました。

結果、二度目のチャレンジで宅建試験に合格。その勢いで建築士試験に挑んだので、まる三年間勉強漬けの日々を送ることになりました。

もともと勉強が嫌いだった自分が、なぜこんなにも頑張ることができたのか。

それは、**「自分が興味のあることだった」**からだと思います。

10代のころは「勉強させられている」感覚でしたが、このときは「知識が身につくことが楽しい」という想いで学ぶことができていました。

このチャレンジを通じ、私は**「大人こそ学ぶべきだ」**と思うようになりました。

なぜなら、**大人がスキルを身につけることは自身の仕事に直結する**からです。

大人になってからでも、学ぶことには意味があります。

そのため、若いときに勉強しなかった人でも大丈夫。

いつからだって、遅くない。

自分の行動次第で、いつでもチャンスをつかむことができるのです。

変わるための行動

一度目の失敗で挫折しなかったことで、私は資格を手に入れることができました。
失敗をきっかけに挫折してしまう人もたくさんいると思います。
当たり前ですが、諦めたら先に進むことはできません。
失敗を恐れ、行動すること自体をやめてしまう人もいるでしょう。

しかし、私は思うのです。
「**何度でも失敗していいんだ**」と。
行動することで失敗する回数は増えるかもしれませんが、行動しなければ成功も

ありません。

周りと同じことをしていては、現状を変えることはできません。失敗を恐れず、まずは行動をすること。

私の場合は、失敗にくじけず行動を続けたことが「自信」につながりました。**あのとき諦めずに踏ん張ったからこそ、今の生活がある**と心の底から思います。当時手に入れた自信は、何倍・何十倍にも膨れ上がり、今の私を支えています。

現状を変えるためには、「行動」が一番。

動く前にうじうじ悩むのではなく、まずは動いてみてから考える。

また、少し話は変わりますが、**満足できない環境に我慢する必要もありません。**

今は転職することが当たり前の時代になりましたし、自分に向いている環境を探し続けてよいと思います。

「会社を辞める＝逃げ」という考えの人もいるかもしれませんが、それは違います。

常に、自分にとって最良の環境を求め続けることが重要です。

行動したことで本当の「社会人」に

最初の妻と離婚して約2年後に出会ったに二人目の妻。

彼女は、それまでの私の経歴を聞いて「何事も続かない、ゆるっとした人だな」と思ったそうです。

高校は中退、バイトも続かず、大工をしているといっても親の会社。

彼女は社会人として働いていたこともあり、「甘えている」と判断されても仕方がありません。


自分ではあまり覚えていませんが、父と揉めるようなことがあったらすぐに「辞めたい」と言っていたそうです。

また、「ホストになろうかな」と言い出して彼女を呆れさせたこともあったとか……。

彼女いわく、私は資格を取得したことで「人が変わった」そうです。

それまでは狭い社会の中で甘えて生きており、ある程度自分の思う通りに物事を進めてきました。

それが、人生で初めて本気で勉強し、試験に落ちて「思い通りにはいかない」ことを受け入れ、それを乗り越えて資格取得をし……。

この経験を通して、私はやっと本当に「社会人」になることができたのです。

それまでは働いているといっても親の会社ですし、すぐに「辞めたい」と言ってしまえる環境にいた私。

それが、資格取得のために**本気になったことで自分の性格が一変**。

そこから自分自身のことを客観視できるようになり、仕事に対する責任感もより強くもつようになりました。

苦手分野への挑戦

「失敗を恐れるな、行動しよう」と偉そうに言っている私ですが、もちろん後悔も抱えています。

その一つが、**「本をもっと読んでいればよかった……」**ということ。

私には読書の習慣がなく、昔から本を読むと眠くなってしまいます。

語彙力の少なさがコンプレックスなので、「本を読んでいたらもっと言葉を知っていたのに」とよく考えます。

経営も現場主義の独学なので、「本から学んでいたら、もっと成功できたかもしれない」と思ってしまいます。

経営者仲間と話していると、読書家の方が多い印象を受けます。ほかの成功者が10数年かけて得たノウハウが一冊の本にまとまっていると考えると、**読書から学べることは私が思っているよりも大きい**のかもしれません。

今回の書籍出版を機に、私も改めて「読書」にチャレンジしてみようと思います。活字を読むと眠くなるので苦手意識はありますが、ここで**行動しなければ何も変わらない**ですから。

他社で得た知見

宅地建物取引主任者と建築士の資格を取得した私が、最初に転職した先は「東宝ホーム」というハウスメーカーでした。

面接を受けた理由は、九州を拠点にした地域密着型の企業だったこと。そして、当時かなり勢いを感じられるハウスメーカーだったことです。

オシャレな家をつくる印象もあり、自分が家を建てるなら「東宝ホームみたいな家を建てたい」と憧れていた部分もあります。

もちろん、父の会社と同じく地元で大きくなった企業だったので「いずれ参考にできるかもしれない」という企みもありました。

ただ、転職活動は一筋縄ではいきませんでした。

当時の私は、履歴書を書いたことすらありませんでした。

常識もなかったので、転職活動は手探り状態。

証明写真を私服で撮ったり、面接に行くときのネクタイが真っ黒で「葬式に来たのか？」と言われてしまったり……。

そんな転職活動を経て入社できたのが、この会社だったのです。

ここで学んだことでもっとも大きいのが、「専属の設計士」の重要性です。

東宝ホームがもつ高いデザイン性には、設計士の存在があるのだと気づくことができました。

また、工務店にいては知ることができなかった「エリアごとの坪単価違い」も知りました。直接お客さんと触れ合ったことで、**他者視点**で「家を建てる」ことが考えられるようになったと思います。

1年ほど東宝ホームで働き、次は大手の「レオハウス」に転職しました。

九州密着の東宝ホームとは異なり、ここは全国展開している大手企業です。

レオハウスで得たもっとも**大きな財産は、「仲間」**です。

同じ時期にレオハウスに入社した同期が、のちに鬼丸ホームに入社してくれたのです。


父の会社から弟と一緒に分社独立したタイミングでは、もちろんなんの未来も見えていません。

それにもかかわらず彼らは入社してくれた。このとき私は、「**人間関係ができていて、面白そうなことをすれば、人はついてくるんだ**」と確信しました。

自分の行いを見てくれている人はいるのです。

行動すれば、自分の考え方や価値観や信念などのかけらを感じ取ってくれる人が現れるということです。


他社で修行したことで、ほかにもさまざまな学びがありました。

たとえば、毎日の「朝礼」も新鮮でした。

それまでは家族経営だったので朝礼をしたことがなかったのです。

また、「**ビジョンをもって経営しないと会社は成長しない**」ことも知りました。

会社に所属している方であれば当たり前に知っていることですが、ここで学ばなければ「経営理念」すらつくっていなかった可能性があります。

自分だけの世界の当たり前に縛られていては、それ以上の成長はあり得ないと他社で学んだのです。

2代目ではなく分社独立

2社での修行を経て、私は父の会社に戻ることになりました。

当初は、「父の会社を大きくしたい。そのために父を手伝おう」と思っていました。ただ、次第に「自分のやり方を試したい」と考えるようになり、いずれ会社を継いでも「親の七光り」と言われることが想像でき、葛藤に苦しみました。

また、私の考えと父の考えが衝突し、お互い納得できなかったことも独立の背景にあります。

私は前職で学んだ知識を活かし、住宅展示場に魅力的な家をつくり、つくり手とお客さんとの出会いの場をつくろうと考えていました。

たとえば、子どものいるご家族にワクワクする住まいを提供したいと思い、「すべり台のある家」を住宅展示場で試してみたかったのです。

一方、父は「住宅展示場はもったいない」という考え。建売ならまだしも住宅展示場の家は将来的に取り壊すことになるので、それが「もったいない」と考えていたのです。

私と父の意見は、結局折り合いがつくことはありませんでした。

気の合う弟と一緒にチャレンジしたいという野望もあり、父と考えが合わなかったことも関係し、私たちは分社独立を決意しました。

そして、「鬼丸ホーム」ができたのです。

弟とともに鬼丸ホームがスタート

弟と一緒に独立した背景には、当時の妻からの助言もあります。

「絶対に博樹と一緒にやったほうがいい」と言われたのです。

その理由は、「圧倒的に弟のほうが社会人として信頼があった」から。

当時の私は、大工としては長く働いていましたが、会社員として雇われてからはまだ2年ほどでした。社会人経験は浅く、いきなり一人で「社長」をやれる器ではありません。

一方、弟は新卒で不動産会社に入ってきちんと結果を出し、順調に出世をしていました。明らかに、社会人としてのスキルは弟のほうが上です。

さらに人件費削減のため、私は当時の妻に経理を依頼していました。

当時の彼女は自分でお店を開いている経営者で、しかも子どもが生まれたばかり。そんな状態で経理を依頼された彼女は、〝三足の草鞋〟状態です。冷静に考えて、社会人として経験の浅い私が経営するのは「難しい」と判断するはずです。

彼女にとって、私以上に弟のほうが信頼できる存在だったということもあり、「直樹だけじゃ無理、博樹も一緒じゃないとダメだ」と助言をされたのです。

「弟の存在は欠かせない」と本人に直接相談したところ、弟は意外にも二つ返事で了承してくれました。

私が「すべり台のある家を住宅展示場につくりたい。今までと同じことをやっていてもそれまでだ」と主張するのを聞き、それに賛同してくれたのです。

弟は、あのときを振り返り「新しいことをやったから今がある」と言います。父親に言われたままやっていたら、会社は今のように大きくなっていないと思う、と。

私が行動派な一方、父は保守的な考え方をもっています。

父の会社が約30年間うまくやってこられたのは、「借金をつくって新しいことに挑戦する」ことをせずに保守的にしっかりとした経営を行っていたからです。弟も父寄りの考え方をもっています。

しかし、大工を続け棟梁として働いたこともある私が、過去の経験に基づき「やれる、自分ならこうする」と弟に説明したことで納得し、私についてきてくれました。

こうして、突っ走る私とそれを止める弟というバディで鬼丸ホームが誕生したのです。

そのあと、数年かけて会社としての基盤を整えました。

最終的に10人ほどが前職から鬼丸ホームに入社してくれました。

非常に順調な滑り出し……、と当時の私も弟もほかの社員もみんながそう思っていたはずです。

「社員の裏切り」に遭うまでは。

スタッフの裏切り

ハウスメーカーにとって、「営業力のあるスタッフ」は大きな強みです。家は、お客さんにとって一生に一度の大きな買い物。営業担当は、お客さんにもっとも近い立場で購入をサポートする存在です。売上を伸ばすためには、営業担当とお客さんが良い関係を結ぶことが必須条件となります。

大きな買い物をするとき、**「人」の存在はとても重要**です。家とまではいかなくとも、電化製品などそれなりに高額なものを購入するとき、誰もが担当してくれたスタッフの良し悪しで決断を迷ったことがあるのではないでしょうか。

スタッフの対応が良ければ少しくらい条件に合わなくても購入するでしょうし、スタッフに悪い印象を抱いたら、どんなに良い商品でもそのお店では買わないと思います。

もちろん、「大手ハウスメーカー」の知名度に安心して購入を決めるお客さんもいます。しかし、この業界は知名度より営業力のほうが重要。

7～8割の方は、大手のブランド力よりも営業担当者で家を決めるといわれています。

ここで言う優秀な営業担当者＝人間的にも優れているというわけではありません。

鬼丸ホームは、まさしくこの優秀な営業担当者により窮地に立たされました。

設立初期の鬼丸ホームには、スーパー営業マンSがいました。

彼は入社3年で約30棟を販売。売上で10億円近くを一人で稼いだ、相当優秀な営業マンでした。

Sの功績もあり、鬼丸ホームは徐々に営業社員を増やしました。

そこで、私はSに営業を統括するマネージャーの役割を与えることにしたのです。

申し分ない営業成績をたたき出し、さらに責任ある立場を一任されたことで「自分がいないと鬼丸ホームはダメなんだ」と思い込んだのか、Sは「独立」を画策し出します。


そして、鬼丸ホームが軌道に乗り出した4～5年目のころ。

私の知らないところで、彼はとある商社と手を組んで子会社を設立し社長に就任。

鬼丸ホームから10人ほどの従業員を引き抜き、会社を去っていきました。


当時、鬼丸ホームの従業員は20人ほど。

その半数がいきなりいなくなり、お客さんまで連れていかれてしまいました。さらに、付き合いのあった業者まで引き抜かれることに。

当然、鬼丸ホームの売上はガクッと落ち込みました。

あとから聞いた話によると、Sは従業員たちに「自分が抜けたら鬼丸ホームは終わる」「いずれ鬼丸ホームは潰れる」「もっと高い給料を出す」と言って引き抜いたそうです。

また、業者に対しても、鬼丸ホームより高い金額を提示していたことが発覚しました。

軌道に乗っていたところから急転直下、鬼丸ホームは「倒産」がチラつくほどの状況に陥りました。私も精神的に追い込まれました。

なお、意気揚々と鬼丸ホームを去ったSですが、そのあとの状況は惨憺《さんたん》たるものでした。

Sは社長という立場を利用し、私的な買い物をするなど会社の資産を着服。

つまり、「横領」という犯罪に手を染めたのです。

さらに、従業員や業者に提示した金額は「引き抜くときだけ」の一時的なものでした。

結果、2~3年ほどでSは解雇され、裁判で訴えられることに。

逃げるように別の会社に転職するも、そこでも過去の悪事がバレて働けなくなったそうです。

自分で会社を立ち上げ「うまくいっている」という噂も聞きましたが、Sは最終的に、自らの手でこの世を去ってしまいました。

優秀な営業マンには、二つのタイプがいます。

一つは、本当に人間力があり、お客さんに愛される人。

もう一つは、口がうまく人を騙すことに抵抗がない人です。

悲しいことですが、Sは後者のタイプでした。

今思えば、お客さんに対し〝詐欺師〟のような営業をしていたのかもしれません。

また、彼はおそらく「鬼丸社長のもとで働く」のではなく、自分自身が「S社長」と呼ばれる立場になりたかったのだと思います。

彼はたしかに結果を出す営業マンでしたが、社長の器ではありませんでした。彼の悲しい結末を防ぐことができなかったことに対し、私も責任を感じています。

今では、彼に対する恨みはありません。

定期的にお墓参りにも行っていますし、鬼丸ホームで頑張ってくれた時期があるのは事実。憎しみは皆無ですが、鬼丸ホームの悲しい過去として教訓にできればと思います。

地元に救われる

Sの裏切りにより、倒産寸前にまで追い込まれた鬼丸ホーム。

窮地に立たされた私たちを救ったのは、地元の人々でした。

きっかけになったのは、Facebookでの発信です。

今はYouTubeやInstagramなどがメインだと思いますが、当時SNSの主流だったのはFacebook。私も、精力的にFacebookで情報発信をしていました。

ハウスメーカーでは、お客さんによる「紹介」が大きな力をもっています。家という高額な買い物をするので、知人が薦めてくれると安心して話を聞くことができるのです。

Facebookで会社のことを発信していると、今までのお客さんや同級生が、住宅購入を検討している知人を紹介してくれるようになりました。

このとき私が発信していたのは、鬼丸ホームにまつわる「数字」。

過去に「鬼丸ホームが大手よりも選ばれている」という実績を数字で紹介してくれた新聞があったので、そういった情報を載せてアピールしていたのです。

「信頼感のある実績」を見せたことで、ただ紹介して終わりにとどまらず、受注につなげることができました。

Facebookで発信していなかったら、あれほどまでの受注は取れていなかったと思います。**情報発信の重要性**を感じた最初のタイミングがここでした。

Facebookでの発信は、会社のアカウントではなく私個人で行っていました。

そのようにいうと「ＳＮＳが得意」と思われるかもしれませんが、それは間違いです。むしろ不得意な分野ですし、実は今も情報発信は苦手です。

ただ、**SNSは「無料の広告」**。

やればやるほど知ってもらえる便利なツールなので、当時は良いことも悪いことも、たくさん発信していました。

しかし、お客さんとの信頼関係を構築できた一方、業界内では悪い噂も流れていました。鬼丸ホームから何人もの社員が出ていった、業者も手を引いているらしい、鬼丸ホームの仕事をしてもお金は回収できないだろう……。

業界内で「鬼丸ホームが苦境に立たされている」という事実が共有され、悪い意味で有名になってしまったのです。

その噂を払拭できるまでは、多くのつらいことを味わうことになりました。

スタッフの成長が会社を伸ばす

当時の鬼丸ホームを救ったのは、地元の人々だけではありません。

もちろん、残ってくれた従業員たちの存在も大きなパワーになりました。

特に救いになったのは、現在鬼丸ホームの専務をしている小松の存在です。

小松は、Sの1年後に入社したスタッフです。入社当時は、典型的な売れない営業マンという印象の彼。横暴だったSに「鼻から麺を食べろ」など無茶なパワハラを受けていたそうで、かなりつらい経験をさせてしまったと思います。

ただ、営業が得意とはいえませんでしたが、彼はとにかく人柄が良い。

優しく素直だったので、ほかの従業員のスキルをスポンジのように吸収していきました。

いつしか、一人で年間20棟販売するやり手の営業マンに成長していたのです。

Sによる裏切りが行われたのは、小松が入社1年目のときでした。

若手ということもありSから引き抜きの話はなかったそうですが、小松いわく「もし誘われていても行かなかった」そうです。理由は、「Sの会社より鬼丸ホームのほうが**将来性を感じていた**」から。

普段のSの様子を見て、「ついていったら危ない」と感じていたと言います。実際、Sについていこうとするスタッフたちに「本当に大丈夫ですか？」と聞いたこともあるそうです。

入社したばかりの会社で「従業員が半分引き抜かれる」という体験をしたら、誰でも「この会社大丈夫か？」と不安になると思います。

ですが小松の場合は、「変な人が抜けてラッキー」という心境だったようです。人が抜けた分やらなければならない仕事が増えて大変かと思いきや、それに対しても**「経験値になる」と前向きにとらえていた**と聞きます。

素直で人柄が良く前向きであれば、絶対に成長できる。

最初は仕事ができなくても、いずれ必ず成功する。それを体現した小松を見て、私はそう確信しています。

このように思い返すと、「鬼丸ホームの窮地を救ったのは小松である」と言っても過言ではありません。今では、私にとってなんでも相談できる非常に重要な存在になりました。

会社のこともなんでもわかっているので、社員の給料に関する相談をしたり、決算書を見てもらったり、と今では家族と同じくらい信頼しています。

Sの裏切りにより失ったものも大きいですが、あの大変な出来事を乗り越えたからこそ、絆が深まりました。

実は、小松にはいずれ鬼丸ホームの社長になってもらおうと思っています。2～3年のうちに私は会長職に就き、会社のことは彼に任せる予定です。

CHAPTER 3

全国区を意識した惹きつける戦略

マネしてオリジナルに昇華せよ

うまくいくための一番の近道は、同じような環境で成功している人を分析して「マネをする」ことです。

何をすればいいか漠然と悩むよりも、うまくいっている人や企業をしっかりと見て、**思考や行動を再現**するほうが多くのことを吸収できると思います。

私自身、同業他社に転職してやり方を学ぶなど〝マネ〟をしながら自分なりのやり方を見つけてきました。

「マネ」という言葉を聞くと「パクりじゃん」と拒絶反応を示す人がいます。

しかし、私は「マネ」と「パクり」は全く異なる言葉だと認識しています。パクるは、何も考えずにとりあえずその型を使用すること。

マネるは、その形を細部まで分析して、その型を再現できるようにすること。一見、同じように感じるかもしれませんが、マネをしている過程で比較を行っています。

たとえば、自分と相手、自社と他社など自分や自社に軸を置いて、どのようにしたらうまくいっているものと同じことが自分や自社にできるかを考えているのです。自分の個性を見つけたい人こそ、この「マネ」することは取り入れたほうが良い取り組みといえます。

マネをする過程で生じる「比較」により、他者や他社と異なる自分だけの「何か」を見つけ出しやすくなるからです。

成功モデルという型に自らをはめ、その型からあふれ出たものが自分なりの個性といえます。

また、うまくいくためには「**成功者からのアドバイスを受け入れてみる**」ことも大切です。

たとえば、鬼丸ホームが力を入れているYouTubeです。

我々の業界にとって、YouTubeは新しい媒体。活用している企業はまだ少なく、投稿は無料ということもあり「使わない手はない」と考え、導入を決めました。

最近は私自身がインフルエンサーとなれるよう、ヒカルさんなどユーチューバーとして成功している人と積極的にコラボレーションをするようにしています。

自分が動画に出演していることから、「目立ちたがり屋」とか「表に出るのが得意なタイプ」と思われることがあります。

しかし、私は人前に出るのは非常に苦手です。

それでもトライしているのは、ヒカルさんから「YouTubeに出ることで鬼丸社長のイメージを変えたほうがいい」とアドバイスを受けたから。

鬼丸ホームは、格闘技の大会『BREAKING DOWN』に協賛していることや「鬼」という名前のインパクトもあり、「ヤバイ会社」「怖い会社」だと思われることが多々あります。それに伴い、私自身も「怖そう」だと思われることが多いです。これは、会社にとって明らかにマイナス。「ヤバイ」「怖い」というイメージは、会社に悪影響を与えてしまいます。

ヒカルさんは「今もたれているマイナスのイメージを払拭するために、鬼丸ホームの社長がどのような人なのかわかってもらったほうがいい」と言ってくれたのです。それが売上に直結するだろうから、と。

正直、動画に出ることは苦手ですし、できるならばやりたくありません。

しかし、「やったほうがいい」と言ってくれる成功者がいるので、チャレンジしているのです。

私は**誰かにアドバイスを受けた際には、違うかなと感じても、いったん「やってみよう」と前向きに考えるように意識**しています。

素直にアドバイスを聞いて行動すれば、そのアドバイスをしてくれた人も喜んでくれるかもしれませんし、自分が思い描いていた景色以外のものが見えるようになるかもしれません。

そして、**苦手なことでも、挑戦しているうちに自分なりの着地点が見えてきます**。

最初はいやいややっていても、「このやり方なら自分でもできる」「こうやったら結果が出た」と、自分だからこそできる形が見つかるものです。

先に成功している他社をマネすること、また、成功者から言われた助言を実行すること。これを続けていると、いつしか自分なりのオリジナルのやり方にたどり着きます。

そうなったら、こっちのもの。

必ず結果につながるはずです。

「見たことある!」を増やす看板戦略

鬼丸ホームは、自社を宣伝する媒体として「看板広告」に力を入れています。
現在、看板は北九州エリアに20〜30箇所掲出しています。
看板デザインのこだわりは、とにかく目立たせること。
そのために、〝赤鬼〟をイメージした赤色を全面に使っています。

掲出しはじめた当初は、「鬼」という文字が大きくデザインされた看板に、少しびっくりされることもありました。反社会的勢力が多いイメージがある地域柄、「大丈夫な会社なのか?」と不安に思われた人もいたと思います。

ですが、看板を街中のあらゆる場所に設置したことで、「よく見る看板」と認識され、安心感を与えられるように変わりました。

不透明なことをしている会社は、堂々と宣伝なんてできません。看板広告をさまざまなところに出したことで、地元からの信頼度は抜群に上がりました。

また、鬼丸ホームは北九州に17店舗コインランドリーを展開しています。

そこにも、鬼丸ホームの赤い看板をもれなく掲出しています。これは、私にとって「無料で出せる広告」みたいなものです。

看板広告を出すと、1カ月当たり3～5万円ほどかかります。それを20～30箇所なので、月当たりの支出はかなりのもの。看板は、出せる場所があるからといってやみくもに増やせるものではありません。

ですが、コインランドリーは一部を除きほとんどが自社の土地。

そこに看板を出す＝無料という発想です。

看板広告の良いところは、一度出してしまえば、自分たちが何もしなくても「3

６５日24時間」宣伝してくれること。また、認知度を高めたい地域だけに出せるので、地元でのプロモーションを強化したい鬼丸ホームにぴったりの広告です。

広告のターゲットは、看板を見る全世代。

家を購入するボリュームゾーンである20～30代はもちろん、子どもや孫のために家を購入したい年配層にまでアプローチが可能です。

さらに、看板は運転していると自然に視界に入るので、車社会の北九州にぴったりなのです。

そして、住宅購入にまったく興味のない人に見てもらえることも看板広告のメリットです。

なぜなら、いずれその人たちが「家を買いたい」と思ったとき、第一候補として鬼丸ホームの名前が浮かぶようになるから。

業界関係者にとって、「タマホーム」や「積水ハウス」といった大手の名前は当たり前に思い浮かぶものです。

しかし意外と、一般の人はそこまで会社名を知りません。看板を何度も目にすることで記憶に刻み込まれ、「家を買いたい」と思ったとき一番に思い出してもらう。看板広告により、長いスパンをかけて集客に結びつくのです。

看板広告は、鬼丸ホームを設立してすぐに掲出しはじめました。「すべり台のある展示場」として宣伝をはじめたところ、看板近くのショッピングモールなどに訪れるファミリー層への認知度が高まり、展示場への集客に直結したという経験があります。

これまで仕掛けてきたさまざまな広告の中でも、看板広告の戦略は「当たった」と断言できます。看板広告はネット広告に比べ効果測定が難しいですが、長い目で見たときの効果は絶大です。

他業種展開でお金をかけずにプロモーション

鬼丸ホームは、コインランドリーやフィットネス事業の店舗も展開しています。本業以外の業態に手を広げる理由は、「鬼丸ブランド」をつくりたいからです。家をつくるだけでなくいろいろなことをやっている会社だというイメージをつけたくて、ほかの業態にもチャレンジしています。

ただ、いずれもそれぞれの業態で大きな利益を出したいというよりは、「最終的に鬼丸ホームで家を買う人を増やしたい」という考えで運営しています。

私にとっては、コインランドリーやフィットネスジムも「鬼丸ホームの広告」なのです。

コインランドリーに看板広告を設置したり、フィットネスジムにチラシを置いたりなど、自社で管理できる場所が増えれば増えるほど、お金をかけずにプロモーションできるチャンスが広がります。

新しい業態への進出を考えたとき、重要視したのは収益化より「人件費や家賃を抑える」ことでした。

たとえば、コインランドリーを運営するにあたり、必要な人件費は集金と掃除をお願いするパートへの支払いのみ。コインランドリーは、現地に人を常駐させなくても365日利益を出せる業態の代表格です。

しかも、コインランドリー利用は年末に増える傾向があります。人々が休んでいる間でも自動的に稼いでくれると考えると、効率がよいのです。

重要視していないとはいえ、コインランドリーは、比較的収益化を見込みやすい業態といえます。

また、フィットネス事業は「福利厚生の延長」でスタートさせました。

鬼丸ホームのフィットネスジム「oni style」がオープンしたのは、本社ビルの1階。最初は、社員が無料で使える福利厚生施設としてフィットネス設備を整えました。

そして、社外の人にとっては「ローコスト」で入会できることをウリにしました。会費は月2980円ですが、1年契約をすれば毎月1980円と破格。

「業界最安値」で身体を鍛えられるという宣伝文句で、会員を増やしています。

この金額を実現できたのは、フィットネス事業が「福利厚生の延長」であることに加え、本社ビルにオープンさせたことで家賃をかけず運営できているからです。

テレビCMやネット広告など、お金をかければプロモーションはいくらでもできます。だからこそ、**他社とは少し違った視点で認知度を高めることが結果につながるのです。**

SNS戦略は長い目で見て

鬼丸ホームは、同業他社に比べSNS活用に力を入れています。

私個人でもずっと更新を続けていますし、会社としてもスタッフに任せて情報発信をしています。

創業当時からFacebookは続けていますし、今はほかにInstagram、YouTube、X、TikTokを活用しています。さらに、Threadsも日本でのローンチ直後から投稿をスタートさせました。

マメに投稿するのは苦手ですが、新しいSNSがあれば「**まずはとにかく自分で**

やってみる」のがモットーです。

更新頻度がもっとも高いのは、Instagram と Facebook。

また、TikTok は、企画から撮影や編集まで専門の業者に協力してもらって投稿しています。

これらのSNSを見ていただけたらわかると思いますが、住宅情報はほとんど発信していません。

『BREAKING DOWN』に出場している選手との交流などを投稿しているので、それだけ見たら「怖そう」「イケイケ社長」というイメージをもたれると思います。

実際、遊んではいませんがバツ2で子どもも5人いるので、「イケイケ社長」ではあるかもしれません。

ユーチューバーのヒカルさんからは、「本当は怖くないというギャップをもっと出していけばいい」とアドバイスをもらいました。このあたりのイメージチェンジを、今後 YouTube での発信などを通じて実現していきたいと考えています。

ＳＮＳは、住宅情報の発信以上に**「フォロワー数を増やす」ことを重要視**しています。

家のことを発信しないと売上にはつながらないと思いますが、宣伝ばかりのＳＮＳでは見ている側の人たちが面白いと感じてくれません。

事実、宣伝色の強い投稿は見られる回数も少ない傾向があります。

そのため、事業に関連する情報発信より**「見て面白い」が重要**。若い世代が見たいと思える発信に力を入れることで、フォロワー数を増やしています。

今後も、ＳＮＳは試行錯誤しながら発信を続けると思います。

まずはフォロワー数を増やし、鬼丸ホームを知ってくれる人数を確保する。そして、今ＳＮＳを見ている若い世代が家を建てる年齢になったとき、鬼丸ホームを選んでもらう。

これが、鬼丸ホームのＳＮＳ戦略。

看板広告にも通じる考え方ですが、**短期的に結果を求めるのではなく、長期的な視点をもって考えています。**

うまくいっているからこそ見直す定番戦略

看板広告やSNS発信など、同業他社のプロモーションとは異なる分野に力を入れている鬼丸ホーム。「ハウスメーカーらしくない」と言われてもおかしくないような方向性に力を入れています。

しかし、だからといって、従来のハウスメーカーとしての戦略を軽視しているわけではありません。

たとえば、鬼丸ホームは戦略的に「注文住宅」に力を入れています。

ハウスメーカーの中には、土地と住宅をセットで販売する「建売住宅」に注力しているところも多くあります。

一方、鬼丸ホームのメインは「注文住宅」。建売住宅を販売することもありますが、他社に比べるとかなり少ないと思います。

なぜ注文住宅をメインにしているかというと、これから徐々に「土地の値段が上がっていく」とわかっているからです。

土地の値段が高くなると、当たり前ですが、比例してお客さんの購入金額も上がっていきます。売値が上がるほど購入ハードルも高くなり、会社として在庫を抱えるリスクも上がります。

売れれば利益は大きいかもしれませんが、在庫を抱えた際の維持費が会社を圧迫する可能性を考えて、鬼丸ホームは「注文住宅」を選んだのです。

となると、鬼丸ホームの家を購入いただく際に推すポイントは「土地」ではなく「家」自体の魅力です。

「すべり台のある家」などキャッチーな魅力をプロモーションすることに加え、お客さんの要望に合わせフレキシブルに家をつくれる技術力を強みとして打ち出しています。

「注文住宅に力を入れる」という戦略は、ハウスメーカーとして珍しいものではありません。

むしろ「定番」ともいえる戦略です。

看板広告やＳＮＳ発信といったプロモーションは、いわば飛び道具的なポジションです。

これらの戦略を当てるためには、ハウスメーカーとしてベタともいえる戦略も重要です。

定番を押さえるからこそ、際物《きわもの》的な戦略の効果が増すのです。

仕事を任せる

会社規模が大きくなるにつれ、「人に任せる」範囲も増えていきます。

会社が成長する過渡期、ここで悩みを抱える経営者は多いのではないでしょうか。

自分の会社だからこそ、「細かいところまで自分の目で見て判断したい」と思うのは当たり前のことです。

社長に限らず、チームなど複数人でプロジェクトに取り組むとき、「任せる／自分でやる」のバランスに悩む人は多いと思います。

しかし、**「任せる」ことは非常に重要**といえます。

人が抱えられる仕事量には限りがありますし、任せるところは任せる／自分がやるべきところは自分でやるということの線引きをうまくすることが、会社やチームを成長させるポイントです。

一方で、「任せすぎる」ことで問題が起きることもあります。

私自身も、これまで手探りでバランスを取ってきました。最近感じているのは、**「任せたことに対する管理」が大切**だということ。すべてを任せて終わりではなく、適宜こちらから状況を確認することが重要だと思うようになりました。

というのも、以前「任せすぎた」ことがきっかけでお客さんに迷惑をかけてしまったことがあるからです。

とある社員が起こしたトラブルにより、お客さんへの家の引き渡しが予定より3カ月以上も延びてしまったことがあります。

自治体への申告不足をした状態で着工してしまい、結局途中までつくった家を取り壊して再検査することになったのです。

このトラブルにより、お客さんに迷惑をかけただけでなく、会社としても数百万円の赤字を被ることになってしまいました。

これは、本来は絶対に起こるはずのないミスです。「早めに相談してくれていたら……」「社員が随時状況報告をしてくれてさえいれば……」という考えもありましたが、「任せすぎた」経営陣の過ちでもあります。

社員からの報告を待つのではなく、こちらから状況確認をする責任を改めて感じる出来事でした。

社長として、社員たちを信じて「任せる」ことは重要です。

しかし、それと同じくらい、「管理する」ことも重要なのです。

信じて任せる、そして徹底して管理する。

自分の経験から、この姿勢は「お客さんと社員を守ることに直結する」と感じています。

CHAPTER 4

話題性を取り入れ加速する影響力

自社商品だけで知名度を上げる限界

２０１９年から、鬼丸ホームは格闘家・朝倉未来選手のパンツスポンサーになりました。また、２０２０年には鬼丸ホームのＣＭに出演してもらったほか、看板にも起用しています。

この朝倉未来選手の起用は、「他社とは異なるやり方で会社の知名度を上げる」ことが目的でした。

「すべり台のある家」に特化したプロモーションや看板戦略により、鬼丸ホームは地元のファミリー層を中心に認知度を高めることができました。

しかし、子どもや女性から支持していただけるようになった一方で、会社として さらに成長するため、新たな客層の獲得も意識するようになったのです。

今までとは異なる層にアプローチしたい……。

当時、タマホームのＣＭには木村拓哉さんやみのもんたさんが出演していました。タマホームがここまで大きな企業になったのは、誰でも知っている著名人を起用し認知度を向上させ、安心感を醸成したことも背景にあると思います。

鬼丸ホームの規模でそんな超有名人を起用することはかなりの難題といえる。何かほかのやり方でできないだろうか……。

そこで浮かんだのが、格闘家の起用でした。

自分が好きということもあり、格闘技は以前からよく見ていました。

数多くの格闘家の中から朝倉未来選手に声をかけた理由は、大きく分けて二つあります。

一つ目の理由は、朝倉未来選手が格闘家だけでなく「ユーチューバーとしてもトップになるだろう」と思っていたからです。

朝倉未来選手は、2019年にYouTubeチャンネル「朝倉未来Mikuru Asakura」を開設しました。今でこそ、格闘家を含め著名人が自身のYouTubeチャンネルをもつことは普通のこと。一般人でも、自分でチャンネルをもっている人が増加しています。

しかし、当時はまだ「YouTubeチャンネルをもっている格闘家」はかなり珍しい存在でした。私は、朝倉未来選手がいち早くYouTubeチャンネルを開設したことを知り、「2年後には絶対にトップユーチューバーになる」と確信。

社員たちは「社長はいきなり何を言い出すんだ?」という様子でしたが、私の読みは当たりました。朝倉未来選手のYouTubeチャンネル登録者数は、2024年9月時点で330万人を超えています。

朝倉選手を起用した二つ目の理由は、「朝倉兄弟」に特別な想いがあったからです。

朝倉未来選手は、弟の朝倉海選手とともに兄弟で格闘家をしています。私も双子の弟と会社をつくり一緒に頑張っているので、どこか親近感のようなものを抱いていました。

一人ではできないことでも、兄弟二人で手を取り合えば、実現できるかもしれない……。朝倉兄弟はいずれ、かつて兄弟で世界に名を馳せた「亀田兄弟」のような兄弟になるのではないか……。

そんな希望を朝倉兄弟に重ね、支援したいと思ったのです。

朝倉兄弟は格闘技。鬼丸兄弟は会社経営。

兄弟で同じことに取り組んでいる様子に共感したことが、起用につながりました。

鬼丸ホームは、長年「家族で住みやすい家」「子どもが喜ぶ家」をメインにプロモーションしてきました。しかし朝倉未来選手の起用により、男性目線で「おしゃれでカッコいい」家づくりを打ち出すことに成功し、そのイメージを刷新することができたのです。

社長自身が広告塔になる

いかにお金をかけず情報発信をするか。

これは、鬼丸ホームが常に意識しているテーマです。

このテーマの究極形といえるのが、「**自分自身が広告塔になる**」こと。

鬼丸直樹という人間の知名度が上がれば、それに付随して会社を知ってもらえる可能性が上がります。

そして、いずれそれが売上に変わっていくと確信しています。

Instagram などのＳＮＳで、自分の顔を出して情報発信をする。また、ヒカルさんなど影響力のあるユーチューバーとコラボレーションし、動画に出演する。

たとえば、インフルエンサーなどすでに有名な人にＣＭ出演を依頼すれば、短期的には結果が出やすいかもしれません。

しかし、それに伴い莫大なお金がかかります。

そのため、自分が広告塔になれるよう努力するのです。

私という人間の知名度が上がり影響力をもつようになれば、会社はいくらでも**「お金をかけない情報発信」**ができるようになります。

表に出るのは不得意ですが、これを続けていくことで結果につなげていきたいと考えています。

社長が表に出ることについて、社員からは「どうなの？」と思われることもあると思います。腹心の小松専務ですら、疑問に思っていた時期があるそうです。

ただ、小松いわく「最初は疑問に感じていたけど、社長自らがインフルエンサー的役割を担うのはこの時代に合っていると思うようになった」とのこと。

また、表に出る＝矢面に立つということでもあります。

仮に炎上した場合など、被害を受けるのは表に立っている私自身。

だからこそ、ほかの社員ではなく、自分が表に出る意味があるのです。


社内の納得度を上げるためには、やはり売上が重要です。

興味をもってくれる人が増え、受注が増え、紹介が増え……、そして「鬼丸ホームで家を建てて良かった！」と思ってくれる人が増えれば、大成功。

今は疑問に感じている社員がいたとしても、結果をしっかり見せることができたら、意見を変えてくれると思うので、結果につながるよう徹底的に動いていきたいと思います。

「社長が広告塔」になって生まれた、社員の変化

自分自身が広告塔となり表に出るようになってから、売上より先に「社員」に変化が生まれました。

「鬼丸社長を見て来ました」と面接にやってくる人が増えたのです。

もともと、鬼丸ホームの社員はヘッドハンティングか紹介で入社する人がほとんどでした。それが、『BREAKING DOWN』のスポンサーになったり私が動画出演するようになったりして以降、「社長を見て」と面接に来る人が急増。

面接に来た人が言うのは、「鬼丸ホームがやっていることって、すごくクリエイ

ティブだと思います。面白いと思うので入社したいです」とのことです。自分がやってきたことを見てくれている人がいるのだと思うと、素直にうれしいと感じます。

彼らが入社したことで、会社に新しい風が吹きました。若手が増えただけでなく、昔から一緒にやってきた幹部陣にも**今までにない知識がつき、結果、新しい考えが生まれるようになった**のです。

会社として**成長するためには、新陳代謝が必要**です。変わらないメンバー、変わらない考えでやっていては、必ず停滞するときが来るからです。

私が表に出ることで、少しずつ会社に変化がもたらされていることを実感しています。

今後の課題は、新しく入ってきた人材を「結果を出せる」社員に育てることです。私に興味を抱き、熱い気持ちをもって入社してくれたとしても、それだけで住宅が売れるわけではありません。住宅という高額な商品を売るためには、気持ちだけでなく知識や技術も必要です。

ここ数年で、鬼丸ホームには良いメンバーが揃いました。

過去一番良いバランスだと思います。

あとは、結果を出すだけ。

今後は若手の育成に力を入れ、会社としてさらなる成長を目指します。

話題性の発掘

２０２２年夏、鬼丸ホームは『BREAKING DOWN』のゴールドスポンサーになりました。

対決の様子がYouTubeで見られるということもあり、従来の格闘技ファンはもとより、若年層を中心に視聴者を獲得しました。

ゴールドスポンサーになった背景には、朝倉未来選手の存在があります。

２０１９年からパンツスポンサーをしていたこと、また、この数年で未来選手のYouTubeチャンネルが急激に伸びていたこともあり、「一緒に仕事をすることで鬼丸ホームにも還元できるはず」と感じていました。

そして、本大会の「格闘技の素人でも活躍できる可能性がある」ことに強い魅力を感じました。

知名度がなくても出場をきっかけに有名になれたり、人生を諦めていた人が再起するチャンスになったりする。

「朝倉未来選手と仕事がしたい」という想いに加え、『BREAKING DOWN』そのものがもつ可能性にも賭けてみたくなったのです。

大会のスポンサーになったことで、鬼丸ホームの知名度は急激に向上しました。

朝倉未来選手のYouTubeチャンネルに出演したことで私自身の知名度も上がり、街中で「応援しています」「成功の秘訣が知りたい」などと話しかけられたこともあります。

ただ、正直に言えば、起きたのは良いことばかりではありません。

もともと、鬼丸ホームは〝鬼〟という言葉から少し怖そうなイメージをもたれていました。さらに、鬼丸ホームがあるのは北九州市。

今でこそ治安は改善されていますが、かつては「修羅の街」と呼ばれた地域です。特定指定暴力団の本拠地だったため暴力事件が多発し、いまだに当時のイメージをもっている人も少なくありません。

そんな企業が総合格闘技大会のスポンサーになったことで、「鬼丸は反社会的勢力とのつながりがあるのでは」と噂された時期もありました。

それでもスポンサーを辞めなかったのは、この悪影響すらも「話題性」と前向きにとらえていたからです。

『BREAKING DOWN』のスポンサーになることで、会社に対して少々悪い影響があったのは事実です。

しかし、これは**「話題性」の代償**です。

話題にならなければ、悪いことが起きない代わりに良いことも起きません。

話題になる代わりに炎上するか、何も起きないけれど話題にもならないか。

この二択を迫られたら、私は前者を選びます。

そして、スポンサー契約を続けたのは、私自身が強く「朝倉未来選手に魅了されていた」ことも関係しているかもしれません。

未来選手に初めてお会いしたとき、ぶっきらぼうで少し冷たい印象を受けました。名刺を渡しても、「名刺なんてもってないよ」「そんなのいらないでしょ」という感じ。「冷たい人なのか?」と思ってしまったのは事実です。

しかし、付き合いが深くなっていくにつれ、彼がもつ人間力に気づきました。

朝倉未来選手は、誰にも媚びません。

年上でも地位がある人にもない人にも、誰に対しても対等なのです。

その様子を見てカリスマ性を感じ、「スターになる人だ」と思い彼の人間力に強く惹かれました。

「今まで出会った人とは違う」と確信し、スポンサーを続けることが会社の利益につながると思えたのです。

いくら格闘技好きだからといって、スポンサーになる相手は格闘家なら誰でもいいわけではありません。

朝倉未来選手でなければ、どんなに格闘技が好きでもここまでベットしていなかったでしょう。

てんちむをはじめ、ユーチューバーを多数起用

2022年夏、沖縄アリーナで開催された『RIZIN.36』で、ユーチューバーのてんちむさんに鬼丸ホームのプレゼンターをしていただきました。

『RIZIN』（RIZIN FIGHTING FEDERATION）とは、日本一の規模を誇る総合格闘技団体。朝倉兄弟も契約している団体です。

てんちむさんに協力いただいた背景には、「女性人気があるため起用したい」という考えがありました。

朝倉未来選手のファンは9割が男性。彼の起用によって鬼丸ホームの男性認知度

は上がりましたが、もう少し女性にも認知を広げたい。

そう考え、女性人気が高く、さらに朝倉未来選手とも共演経験のあるてんちむさんに声をかけたのです。

ほかにも、「女性に鬼丸ホームを知ってほしい」という考えから、女性3人組の人気ユーチューバーのヘラヘラ三銃士さん、カップルユーチューバーのなこなこカップルさんともご一緒したことがあります。

一般的に、ハウスメーカーが起用するのはスポーツ選手やテレビタレントです。一方、鬼丸ホームが起用するのは格闘家やユーチューバー。

ハウスメーカーの王道とはズレていますが、差別化するためにも違う路線を走っています。彼らを起用する背景には、差別化だけでなく「YouTube上にずっと残る」というメリットもあります。

仮にテレビCMを打ったとしても、契約期間が終われば放送は終了。効果は長く持続しません。しかし、ユーチューバーとコラボすれば、動画が長く残ります。

将来的なことを考えて「YouTube のほうが長期間プロモーションできる」という戦略から、彼らを起用しているのです。

ただ、ユーチューバーはスポーツ選手やテレビタレントより「炎上」のリスクが高くつきまといます。事務所に守られ管理されておらず自由に発信できる分、過激な発信などが取り沙汰されやすいのです。

実際、てんちむさんも過去に何度か炎上しているので、「お騒がせユーチューバー」的側面で認知している人も多いかもしれません。

そのため、彼らの起用を不安に思う人もいるかもしれませんが、私は炎上もプラスだと思っています。

たとえば、鬼丸ホームが定期的にコラボしているヒカルさんは、過去の炎上でチャンネル登録者数が60万人ほど減ったことがあります。

しかし、それを踏まえても2024年9月時点の登録者数は490万人。

過去の炎上は、誠心誠意対応すればいつしか忘れられます。

誰からも好かれる人なんておらず、誰にだって少なからず「アンチ」はいます。

知名度があり影響力をもつ人には、その分アンチもいる。

しかし、その何倍も信者がいるのです。

鬼丸ホームの看板として起用する方に、「炎上」は気にしません。

それ以上に、彼らの発信力を重要視し、アンチではなく「どれだけ信者がいるか」に重きを置いています。

朝倉未来選手とのコラボ

朝倉未来選手と一緒に仕事をするようになり、さまざまな取り組みをしてきました。

なかでももっとも大きいのは、２０２１年冬に実施した「MIKURU HOUSE」プロジェクト。朝倉未来選手が完全監修した家を１００棟限定で販売するという取り組みです。

著名人が監修する商品は世の中にたくさん存在しますが、その多くは〝名義貸し〟。実はほとんど監修しておらず、名前だけ貸しているというそのような商品がたくさん存在します。

しかし、この「MIKURU HOUSE」は本当に朝倉未来選手が〝完全〟監修しています。

家のデザインはもちろん、トレーニングルームへの入り口を「隠し部屋」仕様にするなど、鬼丸ホームの技術を活かして朝倉未来選手の要望を実現させました。

こういったビッグプロジェクトは、私が素案を出すことが多いです。

「こういうことしたいんだけど、どう?」と社内に提案し、小松専務をはじめとする役員たちが現場に振り分けていくという流れです。

また、2022年4月には、朝倉未来選手のYouTubeチャンネルとコラボし「勝手に朝倉未来の成人式してみた」という企画を実施しました。

これは、成人式を経験したことのない朝倉未来選手に「成人式を体験してもらおう」という企画。私と弟も成人式に出ていないので、一緒にやろうというものです。

この企画では、まず朝倉未来選手に派手な衣装を身に着けてもらい、いわゆる〝九州の成人式〟の雰囲気を醸成。

そのあと場所を移動し、鬼丸ホームの新モデルルームの上棟式に登場してもらいました。

上棟式とは、工事の安全や建築後の家内安全を祈願する儀式のこと。

上棟式には近隣住民にも多く集まってもらい、その最中に災厄を祓《はら》うため「餅まき」をします。

もともとはお餅だけばらまく予定でしたが、「それだと話題性に欠ける」という意見が出たため、朝倉未来選手が餅まきの際に「100万円をばらまく」という企画に変更。

話題性はもちろん「集まった皆さんに喜んでほしい」という気持ちで実施したのですが、この様子が配信されるや否や大炎上。

「お金をばらまくなんて！」と朝倉未来選手ともども炎上し、鬼丸ホームもイメージダウンしてしまいました。

この事件により、鬼丸ホーム社内では当たり前ですが「普通に家を売ったほうがいいのに」という意見も生まれました。


しかし、何度も言うように「**炎上＝話題性**」です。

たしかに悪い意味で名前が売れてしまったところはありますが、知名度は確実に上がりました。

どんなに良い家をつくっても、売れなければ意味がありません。**売るためには知ってもらう必要がありますが**、認知度を上げることは簡単ではありません。

売上がなければ、社員の給料を減らしたり人員を整理したりする必要も出てきます。そういった先々のリスクも踏まえ、**まず「知ってもらう」ことが重要**なのです。

朝倉未来選手とのコラボ動画で、女性社員が炎上

私の「炎上＝話題性」という考えが、少しずつ社員にも浸透していると感じる出来事がありました。

2021年春、朝倉未来選手のYouTubeチャンネルに出演した鬼丸ホームの女性社員が炎上してしまうという事件が起きました。

動画の内容は、朝倉未来選手と鬼丸ホームメンバーが一緒にお酒を飲むというもの。私と弟は緊張しやすく、朝倉未来選手とお会いしても本音を出すまでに時間がかかってしまいます。その橋渡しをしようと、彼女は事前にお酒を飲み、少し酔いが回った状態で飲み会に参加。私たちと朝倉未来選手を橋渡ししようと頑張ってく

れていたのですが、その様子が視聴者には出しゃばっているように見えてしまったようです。

彼女は一生懸命コミュニケーションをしてくれていたのですが、それを悪くとらえられてしまい、「あの女性はなんなんだ」と炎上してしまいました。

すぐに朝倉未来選手がフォローの動画を出してくれたことで鎮静化しましたが、「炎上は話題性」とはいえ、社員が炎上することは望んでいません。

そのため例の動画を消そうとしましたが、本人は「消さなくてもいい」と言ってくれました。会社の知名度が上がったことに加え、「私にとっても、仕事にプラスになっているんですよ」と前向きな言葉をくれたのです。

彼女いわく、営業に出ると動画を見た人たちから応援の言葉をかけてもらえるのだとか。動画と普段の彼女にはギャップがあるので、**実際に会うことで本来の人間性が伝わっている**ようです。

彼女は非常にきっちり仕事をするタイプなので、「朝倉未来選手の動画で炎上していた子」のイメージとギャップが生まれ、むしろ仕事がしやすくなったようです。彼女はその**ギャップをプラスに利用**して結果を出し、出世も果たしました。

小松専務は、鬼丸ホームで働くことを「精神と時の部屋」のようだと話していました。

「精神と時の部屋」とは、『ドラゴンボール』に登場する修行する部屋のこと。室内は外より時間の流れが速くかなり過酷な環境のため、修行に適しています。

鬼丸ホームに勤めていると、短期間で一般的な会社ではできない体験ができます。ギュッと凝縮された濃い体験ができるので、どんどん成長するのです。

仮に受け身の人だとしても、ほかの会社にいるよりは成長すると思います。なぜなら、さまざまな仕事をどんどん任されるから。

社員として働いているより、「鬼丸ホームの看板で働く個人事業主」みたいなイメージです。個々に任される仕事の範囲が広いため、レベルアップするスピードが速いのです。

ユーチューバーのヒカルさんの魅力

私が「スポンサーになりたい」と思う人の共通点は、「信者が多い」こと。

この人が何をしても、何を言っても、「面白い！」「いいね！」と言ってくれる信者をたくさんもっている。

そういう人のスポンサーになりたいと思います。

現在もっとも注目しているのは、ユーチューバーのヒカルさん。

すでに何度かコラボしていますが、今後もガッツリ組んでやっていきたいと考えています。

ヒカルさんのすごいところは、100万回以上再生される長編動画が多いこと。

通常、YouTubeで配信される動画は長くても30分ほど。長くなればなるほど離脱率が上がり、最後まで見てもらうことはできません。

YouTube再生がカウントされる仕組みは正式には公開されていませんが、おそらくある程度見ないと「1再生」にカウントはされないでしょう。

ヒカルさんのチャンネルを見ると、ほとんどの動画が1時間超え。

なかには3時間近い動画もあります。それでも、必ずといってよいほど100万回以上再生されています。これは、本当にすごいことです。

「なぜヒカルさんの動画は見られるのか」について、小松専務と分析してみました。

動画が見られる理由は、おそらく「視聴者が気になっていることをヒカルさんが先に言ってくれる」から。見ていて疑問に思うことがあると、その瞬間にパっとヒカルさんが解決してくれるのです。

そのため途中で離脱せず、満足しながら飽きずに見ることができ、長編でも視聴者が離れないのだと思います。

あまりYouTubeを見ない人からは、ヒカルさんは「炎上系」のイメージをもたれていると思います。

実際、これまで何度か大きな炎上を経験しています。

ただ私が接していて思うのは、彼は炎上系というより「炎上を恐れていない」ということ。

炎上しようとしているのではなく、**行動力があり、さまざまなことに取り組んでいるので、その分トラブルも生まれやすいだけなのではないか**と感じます。

そして、何事にも戦略をもって挑んでいる印象があります。

鬼丸ホームは、ヒカルさん監修の「ヒカルハウス」を販売します。

この家についても、売るためのストーリーを考え戦略的に考えてくれている印象があります。

たとえば、「ヒカルコラボ」の話題性だけで売り出すのではなく、「鬼丸社長のキャラクターをちゃんと視聴者に伝えたほうがよい」ということ。

私は「怖い」と思われがちですが、実際はちょっと抜けているところもあり、怖いタイプではありません。

実際の人間性とキャラクターに乖離があるので、今もたれている「怖い」イメージを刷新したうえで、「その社長がつくる鬼丸ホームの家は……」という展開をつくったほうがよいと販売戦略を立ててくれました。

今は、そのストーリーを実現するために動いています。

そして、ヒカルさんのような方とコラボする以上、私自身も視聴者に受け入れてもらえるよう準備をしないといけません。

そこで考えたのは、「ヒカルさんとおそろいのアクセサリーを身につける」こと。

私には「朝倉兄弟のスポンサー」という色がついているので、「ヒカルさんのことも好きで一緒に仕事をしたいと思っている」とわかってもらう必要があります。

それをアピールするために、身につけるものを変えてみたのです。
また、ヒカルさんが六星占術師・細木かおりさんに占ってもらった動画を見て、私もすぐ占ってもらいに行きました。

気になったことやエピソードづくりのための行動は非常に大切です。

自分を変えることは難しいですが、**「行動する」ことは自分次第ですぐにできます。**

ヒカルさん、そして視聴者の皆さんに受け入れてもらえるよう、まずは行動。
その**行動の先に、自分や会社の成長がある**と思います。

ヒカルハウスの進捗

ヒカルさんと一緒に計画した「ヒカルハウス」について紹介します。

ヒカルハウスは、ヒカルさんが完全プロデュースするオリジナル住宅。この家のポイントは「ヒカルプロデュース」だけではありません。「ルチルクォーツ」を使った〝運気の上がる家〟をつくりたいと考え、構想した企画になります。

ルチルクォーツとは、全国展開しているパワーストーン店「ストーンマーケット」で販売している石のこと。石の中に金線が入っていて、「金運を呼ぶ石」といわれています。

また、ヒカルさん自身ルチルクォーツをもちはじめてから運気が上がっている気がするそう。

そのため「ヒカルハウス」にもルチルを取り入れ、世界中どこにもない特別な家をデザインしたいと考えたのです。

ヒカルハウスの販売目標は、１００棟。

それを達成できたら、ヒカルさんの実の兄であるまえっさんに家をプレゼントしたいと計画中です。


ヒカルハウスはすでに販売開始しており、現在話題沸騰中です。

そして、ヒカルさんの知名度だけに頼るのではなく、「住宅をプレゼントするキャンペーン」など、私からもワクワクする提案をし、企画のさらなる成功を後押ししたいと考えています。

CHAPTER 5

情報に流されない軸をもて

流行には否定から入らない

今の時代、次から次へと新しい情報が流れ込んできます。

InstagramやTikTok、Threadsなど続々とＳＮＳが出てきて、新しいコンテンツが誕生し、気づいたときには「最新」だと思っていた情報が古くなっている……。

アンテナを張っていないと、あっという間に取り残されてしまいます。

働いていると特に、流行についていくことは困難です。

自分が理解できないことに否定的になり、流行に対しついつい、「面白くない」「自分とは無関係」と思ってしまう人もいるのではないでしょうか。

しかし、流行に対し「否定」から入るのはもったいない。

たとえば、「YouTubeがここまで世の中を動かすコンテンツになる」と、10年前に予測できていた人はどのくらいいたでしょうか？

「YouTubeなんて知らない」とそっぽを向いてしまった人は、それだけでチャンスロスしていたということになります。


私のモットーは、「**まずやってみる**」。

その分失敗も多いですが、とにかく「やってみる」ことで成功の数を増やすのです。行動する前は、「ダメだったらどうしよう」「できなかったらどうしよう」と不安な気持ちになると思います。

しかし、このまま**ずっと考えていても何も変化は生まれません**。


私が伝えたいのは、**否定せず「まずやってみる」のが重要**だということ。

方向転換は途中からでも可能です。

「違うな」と思ったら、やり方を変えればいいだけ。仮に失敗したとしても、それを次のチャレンジに活かすことができます。

経営に関しても、私は「まずやってみる」方針です。

本や講座で経営論を学んでから動き出す人が多数だと思いますが、私は実践主義。**次から次に行動し、学んだことをまた次の実践の場で活かす**のです。

最近は、社風自体が「とにかく動いてみよう」という方向に変わってきています。社長である私をマネてくれているのか、まずチャレンジしてみるという社員が増えてきました。このスタイルが、ポジティブな社風に結びついていると感じています。

情報の取捨選択

情報収集するにあたり、私がもっとも頻繁に活用しているのはYouTubeです。

特によく見ているのは、ヒカルさんのチャンネル。

コラボをするので「事前に情報を入れておきたい」という理由もあるのですが、動画を見ていると自分の知識欲が刺激され、仕事につながる学びがあります。


たとえば、「漫画やアニメ」からの気づき。

ヒカルさんは、よく漫画やアニメにたとえて話をします。『ONE PIECE』や『キングダム』から派生した話を聞いていると、人生や経営論に直結する考え方が多いなと感じます。

「漫画やアニメの主人公のように常に上を目指していないと、会社の業績も上がらないよな」など、当たり前になりすぎていたマインドに改めて気づかされることも多いです。

こういった新たな気づきを与えてくれることもあり、最近はヒカルさんの動画が、私の「**人生の教科書**」のようになっています。

また、ヒカルさんがよくコラボしている芸人さんを見て、立ち居振る舞いを学んだり話し方を研究したりもしています。

YouTubeから情報を得ることに懐疑的な人もいるかもしれませんが、見方を変えれば、「こういうふうに受け答えすれば面白いんだな」「もっと人気が出るんだな」といった学びにつながります。

見栄えの良いように編集されたテレビとはまた違う、より実践的な学びです。

ヒカルさんのように、自分が「好きだ」「一緒に仕事をしたい」と思えるような魅力的な人については、とことん情報収集する。

そして、そんなヒカルさんがコラボする相手からもとことん学ぶ。

このように、**自分の中で「情報収集の軸」のようなものを決めておくと、自然と新しい情報が入ってきます**。


情報収集について話すと、「いつYouTube見る暇があるんですか？」「忙しくて時間が取れません！」と言う人もいます。

では、私はいつ情報収集をしていると思いますか？

その答えは、「いつでも常に」です。

プライベートの時間は、ほとんど情報収集に費やしています。

私にとって、情報収集も日々のタスクの一つ。

コンテンツを楽しみながらではありますが、「やるべき仕事」ととらえ、必死に情報を取り入れています。

情報の使い方

最近、私と小松専務が共通してハマっているYouTubeチャンネルがあります。

それは、ヒカルさんと朝倉未来選手が立ち上げたチャンネル『Nontitle』。

これは、事業立ち上げを目指す若者たちが、共同生活をしながら事業を生み出す様子を追いかける「起業家育成リアリティーショー」です。『あいのり』や『テラスハウス』の起業家版、と言うとわかりやすいでしょうか。

このチャンネルは見ていて面白いですし、率直に勉強になります。

起業する難しさや、人間関係もリアルに伝わってきます。「マネジャーはどうチームを動かすのか」など、**自分の仕事に重ね合わせながら見るとなおさら学びが**

深まります。

最近は、小松専務が社員たちに「社長が今こういうコンテンツを見ているから、みんなも見ておこう！」と積極的に声がけをしてくれています。

『Nontitle』は鬼丸ホームの社員だけでなく、ジムのスタッフなども見ている人がいるようです。

社員やスタッフたちは、いまだに半信半疑な人も多いと思います。「このコンテンツを見ていて、本当に住宅販売につながるのかな？」と。

しかし、**取り入れた情報は必ず自分の糧になります**。

売上に直結するかは自分次第ですが、**視点を変えれば、人生や仕事に反映できる学びがある**はずです。

迷ったら「ワクワク」するかどうか

目の前に複数の選択肢があり、どれを選ぶのが最適かわからないとき。

私は、**「ワクワクする」ほうを選びます**。

一度「やる」と言って進めていたことだとしても、途中で「別のやり方のほうがワクワクしそう」と思ったら、方向転換をするのです。


たとえば、今年の2月に「社員旅行でハワイに行く」計画がありました。結果を出したチームへのプレゼントとして、ハワイ旅行に行く予定だったのです。

しかし、この計画は直前になって中止になりました。ハワイに行くには一人当たり20～30万円の経費がかかりますし、円安ということもあり、現地で観光するにもかなりの費用が必要になります。

それならば、旅行にお金を使うのではなく、「特別ボーナス」として還元したほうがモチベーションが上がるのではと考えたのです。

年2回の通常ボーナスとは別に特別ボーナスを出すことで、社員のモチベーションをUPさせる。それで仕事に意欲をもって取り組んでもらい、業績を上げる。

それが実現できた場合、旅行はまた来年以降に検討し直したいと考えています。

今回の場合、「ハワイに行く」より、「ボーナスを出す」ほうが社員がワクワクできると考えました。ハワイ旅行に行く方向で計画を進めていましたが、**より良い選択肢があるのであれば、直前でもそちらを選びます**。

そのほうが、長い目で見て組織がプラスになると考えられるからです。

プライドと素直の共存

行動しようとするとき、邪魔になるのが「プライド」です。

失敗したくない、影でいろいろ言われたらいやだな……など、行動しようという思いの裏にはさまざまな不安が絡みます。

また、「そのやり方ではなくこうしたら？」「○○をやってみたら？」といったアドバイスに対しても、プライドが邪魔をして素直に受け取れないことがあります。

しかし、**結果を出したいのであれば、プライドは必要ない**と思います。

徹底的に行動し、人に言われたことは素直に受け入れる。

そもそも、夢中になって行動しているときに、プライドなんて気にしていられません。

島田紳助さんが「成功の秘訣」として語っていた言葉が印象に残っています。

それは、**成功には「70％の自信と30％の不安が大切」ということ**。

現状に満足してしまったら、そこで行動は終わってしまいます。

しかし、30％の不安があれば、「もっと良くしよう」と常に行動し続けることができます。

鬼丸ホームが行動する理由は、売上的にまだ成功できていないと思っているからです。現時点でも30億の売上がありますが、会社の目標は「１００億円」。

やっている仕事や会社自体への自信はもちろんありつつ、「もっと売上を伸ばしたい」というある種の〝不安〟が私を突き動かすのです。

鬼丸ホームが成長を続けられているのは、この不安を受け入れ、結果を出すため「素直になんでもやってみる」姿勢があるからだと感じています。

そして、**人と同じことをしていても成功なんてあり得ません。**

逆に、**行動していれば「ほかの人とは違う世界が見られる」ようになる**と思います。

大人は、プライドが邪魔をして、行動にストップをかけがちです。

素直になるだけで結果につながりやすくなるのであれば、そうしない手はありません。

否定されたときこそチャンス

行動を続けていると、時に否定的な言葉をかけられることがあります。

「それは違うんじゃない?」「間違っているのでは」と言われることもありますが、個人的には「**新しいことを人は否定する**」と思っています。

否定する人は、前例がないことをリスクととらえているのではないでしょうか。

つまり、**否定されたときこそチャンス**。

マイナス意見を正面から受け取って傷つくのではなく、むしろチャンスととらえてよいと思います。

ただ、ここで重要になるのが「ブレーキをかけてくれる」信頼できる存在。行動的な人の中には、ストッパーが壊れており、突き進んでしまうタイプの人もいます。まさしく私もそのタイプで、楽観的な性格ということもあり、周りを顧みず行動してしまいます。

うまくいっているときはこれでよいのですが、突き進むあまり、小さなミスを見逃してしまうこともあります。最初は小さかったミスでも、時間が経つと大きな問題に成長し、会社を揺るがしかねないトラブルになってしまうこともあります。

何より行動が大切だという考えは変わりませんが、会社を守るためには、同じくらい**「ブレーキをかけてくれる」人も大切**なのです。

鬼丸ホームにおいて、冷静に見る役割は、長らく弟が担ってくれていました。設立当初から私が社長、弟が副社長として二人三脚で動いており、突き進みすぎる私をいさめてくれるのは弟。

このバランスは、子どものときから変わっていません。

楽観的で「危ない橋でも渡る」私とは対照的に、弟は冷静で「危ない橋は渡らない」タイプ。私が突っ走りすぎているときはブレーキをかけてくれる、会社にとって重要な存在でした。まさに女房役というところです。

過去に、以前鬼丸ホームの新業態として「居酒屋」をつくろうとして断念したことがあります。

鬼丸ホームにいた社員の中に居酒屋経験者がいたこともあり、「任せてみよう」と計画していましたが、弟からの反対を受けて中止にしたのです。

今となって冷静に考えると、もし実現していても人件費などの問題で「うまくいかなかった」と思います。結果、自分たちで居酒屋をオープンさせるのではなく、発想を転換し飲食店に「場所貸し」をすることにしました。

場所を貸すのであれば、新しい業態をスタートさせる労力や経費を抑え、利益を得ることができるからです。

場所を貸してオープンしたラーメン店は、今も繁盛して残っています。

ただ、2017年に弟が「鬼丸ハウス」を設立したことで、この関係性のバランスに変化が生じました。

もともと、鬼丸ホームは私と弟で50%ずつ株をもち運営していた会社です。創業者が同数の株をもっていることは、実は「リスク」ととらえられています。意見が食い違ってしまったときなどに決着がつかず、動きが止まってしまうことがあるからです。

鬼丸ホームの場合は、50%ずつ保有しているとはいえ、「兄で社長」ということもあり、私のほうが発言権をもっていました。私にとってはこれで良かったのですが、弟としては不満もあったと思います。

また、将来的なことを踏まえても、一緒に会社経営をするリスクが出てきました。私と弟の場合、会社のことで意見が食い違ったとしても本質的に仲が良いので、仲違いすることはありません。

しかし、いずれ会社を相続することを考えると、次世代の経営者たちが揉めてしまう可能性があります。

そういった事情もあって同じ道を歩むことをやめ、現在は私が鬼丸ホーム、弟が鬼丸ハウスを経営しているのです。

弟が鬼丸ホームを離れたことで、私は、長年自分を受け止めてくれていた女房役を失いました。現在は、小松専務がその役割を担ってくれています。

また、マーケティング担当の社員も客観的に意見をくれるので、バランスが保たれていると思います。

ただやはり、兄弟である弟ほど直球ではありません。

言いづらさも感じつつ、何とか心を込めて伝えてくれているのだと思います。

行動力が私の強みではありますが、そろそろ私も自分を客観視する力を身につける必要を感じはじめました。

今まで弟に頼りすぎていた部分があるので、「**自分を客観的に見てコントロールする**」ことを課題として、私自身の成長につなげたいと考えています。

地元・北九州への貢献

私が鬼丸ホームを成長させたいモチベーションとして、大きいのは「お客さんに喜んでもらいたい」という感情です。

そして、もう一つ大きくあるのが「地元に貢献したい」という想いなのです。

鬼丸ホームが拠点にしている北九州市は、全国的に見ても人口減少率が高く、年々人が減っている地域です。

１９７９年のピーク時には１０６万人の人口を抱える大都市でしたが、それ以降は年々減少。２０２４年現在は１００万人を切り、約91万人ほどとなっています。

全国的にも人口減少が叫ばれていますし、北九州市の人口減少は止められるものではないと思います。

しかし、だからといって活気を失うのではなく、鬼丸ホームとして地元を盛り上げていきたい。会社の利益を北九州に還元し、「良い所だよ」と伝えていきたいと考えています。

地元貢献を意識している理由は、シンプルに「地元が好きだから」。

仮に鬼丸ホームが全国規模の会社になったとしても、「東京に住みたい」とは思いません。北九州が好きなので、ずっと北九州に住みたいと考えています。

これまで福岡市内に住んだこともあるのですが、そのうえで北九州が一番好きです。

このまま人が減ったら、それに伴い、どんどんお店も減ってしまうでしょう。

自分が住む土地の元気がなくなるのはいやなので、盛り上げに貢献したい。

北九州市には友だちもいますし、何よりも、家族や子どもがいる。

だからこそ、北九州の活気を保ちたいのです。

そして、住宅市場として考えると、北九州はまだまだチャンスがある地域です。ほかのエリアに比べて土地が安く住みやすいので、市場価値が高いといえます。会社として今後も勝負を続けていくためにも、地元の盛り上げは私のテーマとなっています。

地元貢献の具体的な動きとして、今年から「福岡ソフトバンクホークス」のスポンサーをはじめました。年間で指定席を4席確保できるので、全試合お客さんへのプレゼントとして使っています。

こういった特典をプレゼントすることで「ほかのお客さんを紹介してもらえたらいいな」という気持ちももちろんありますが、「鬼丸ホームで家を建てて良かった」と思ってもらいたいという気持ちが一番大きく私の中にあります。

鬼丸ホームを好きになっていただける要素を、一つでも増やしたいと考えているのです。

また、今後は、お客さん限定で花火大会やＢＢＱ大会も企画したいと考えています。

「鬼丸ホームで家を建てると、それで終わりだけでなく面白い特典がついてくる」というイメージを定着させられたら成功です。

お客さんへの還元は、地元への貢献。

そう考えながら、北九州市に密着した企業としてこれからも成長を続けていきたいと考えています。

利益を出すために堅実な取捨選択を

ユーチューバーとのコラボレーションや格闘家へのスポンサードなどをしているので、鬼丸ホームは「変わったことをやる会社」だと思われていると思います。

実際、そのイメージは間違っていません。

しかし、だからといって、「面白そう」だけで勝算のない賭けに出ることはありません。

たとえば、以前朝倉未来選手との飲みの席で盛り上がり、「島を買っちゃいましょう！」という話になったことがあります。

鬼丸ホームで島を買い、「鬼ヶ島」としてプロモーションしたら面白いのではないかという話です。この様子はYouTubeでも公開されており、その場では「いいですね！」と盛り上がりました。

ただ、実際にそれをやって「費用対効果はあるのか？」は堅実に見定めなければなりません。構想自体は面白いですが、勢いだけで実行してしまったら大きな損失が出る可能性があります。

鬼丸ホームが企業として存続するためには、**利益を出す必要**があります。

社長として、この軸が揺らいではいけないと思います。

「企業生存率」について調べると、10年生存率は6・3％と書かれています。つまり、10年続く会社は100社中6社だけということ。

これが20年生存率になると、0・39％。30年生存率は0・025％まで減少します。

30年も経てば、今ある会社はほぼすべてがなくなってしまうのです。

経営とは、これだけリスクのある試み。

普通に経営していても大変なのに、突拍子のないことばかりやっていても、うまくいく可能性は限りなくゼロに近いと思います。

結果度外視でチャレンジできるほどの利益が出たら、もっと面白いことに取り組んでみたいとは考えています。

しかし、**会社を存続させるためには、利益を出す必要がある**のです。

何かをはじめようとするとき、第一に考える必要があるのは「それは会社にとってメリットか？」ということ。

すぐに利益にならなかったとしても、将来的に集客や購買につながる可能性が見えているのかどうかで判断をしています。

叶えたい二つの夢

収益面などの現実性を鑑みなければ、私にはチャレンジしてみたい夢があります。

それは、カジノ運営。

以前ヒカルさんが動画内で「カジノをつくりたい」と話しており、私自身も「いつか北九州にカジノをつくりたい」と思っていたので、いずれ一緒に取り組めたらいいなと考えています。

北九州は、競馬・競輪・競艇がすべてそろったギャンブルの街です。

数年前に誘致の話があり「日本初のカジノ」が生まれる予定でしたが、市長のGOが出ず断念。

あのとき実現できなかった未来を私たちで実現できたら……と考えると、かなりワクワクします。

数千億円単位のお金が必要となり、ほかにもさまざまな問題をクリアしないといけないため、実現はかなりハードルが高いと思います。

しかし、ヒカルさんと話していると、本当に実現できそうな気がします。

カジノをつくるには、行政を巻き込む必要があります。

そのためにも、**影響力をもつことは必要**です。

ヒカルさん自体がもっと影響力をもち、若者からの支持を集めることができたら……。

いつか「北九州にカジノをつくる」夢は実現できると思います。

ヒカルさんが北九州にカジノをつくる手伝いをするのが、私の最終目標といえるかもしれません。

カジノ建設の夢はさておき、鬼丸ホームとしても夢はあります。

それは、「全国47都道府県に鬼丸ホームの家」を建てること。これにより、「利益率」という面で同業他社のなかでも一番になれると考えています。

すでに大手の同業他社がいるので、「ハウスメーカーとして日本一の売上」などは難易度の高すぎる夢です。

しかし、ほかのやり方であれば一番になれるかもしれない……。

そう考えたときに具体的に描けたのが、この夢でした。

各都道府県にモデルハウスをつくり、建売ができれば経費を抑えて利益を出すことができます。

一般的な家ではなく、ヒカルハウスのモデルハウスをつくれたら最高です。

このやり方は、これまで大手が取り組んでこなかった手法です。

鬼丸ホームのような会社が大手と戦うなら、どこもやっていない手法を使うしかありません。

この夢を叶えるべく行動できることに、ワクワクしています。

前例がないからこそ、意味があるのです。

「思わないと実現しない」

「言葉に出す行動」

「ワクワクを伝染させ仲間を集める」

「努力を成果につなげるために行動する」

「自分にできないことを素直に認めて、人の影響力を借りる」

私がくじけそうになったときに自分を奮い立たせる言葉たちです。

叶えたい夢のために、自分の人生をベット（賭ける）しましょう。

そして、ベットしたい人が現れたら全力で、相手の力を借りていきましょう。

行動した分だけ失敗する確率は上がりますし、他人から否定されることも多くなります。心が折れそうになった際には、私のような人がいたと思い出してほしいのです。

これを読んでいるあなたは「きっと、うまくいく」。だから数回の失敗で諦めないでほしい。挑戦を諦めなければ、失敗ではなく、「未成功の段階」だと視点を変えてみてください。

あなたが今やりたいことに気づくことができれば、いくつになっても人生は取り返せます。

さぁ、本書を閉じたら動き出そう。

おわりに

私の生い立ちから鬼丸ホームのこと、そして自分なりの戦略や行動の大切さなどについて、お話させていただきました。
ここまでお読みいただき、ありがとうございました。

本を出版されている方は、皆さん何かしらの「成功者」だと思います。
しかし、実は私自身、まだ「成功した」とは思えていません。
むしろ、まだまだこれから。
今立っている場所は、新しいチャレンジをするためのスタート地点だと思っています。
だから私は、これからも行動し続けます。

私が皆さんに伝えたいのは、「**失敗を恐れすぎるな**」ということです。

そして、一番重要なのは「**行動**」だということ。

経営者＝すごい人、というイメージをもっている方がいるかもしれません。

しかし、私はむしろ、ちょっとバカなくらいじゃないと経営者はできないと思っています。

頭が良すぎる人は先々のことを考え、計算し、失敗しないように慎重になります。

それもありかもしれませんが、冷静でありすぎるばかりにチャレンジの足を止めてしまったら、そこで成長は止まってしまいます。


考えすぎず、頭のネジを少しゆるめて、とにかく行動する。

これが、成長への近道です。

それから、「**みんなができないと思うくらい大きな目標を掲げる**」のも大切なことです。

たとえば、ヒカルさんのカジノ構想。話だけ聞いて「そんなの無理だよ」と言ってしまうのは簡単です。

しかし、そんな否定的な意見は跳ねのけて、「これが自分の目標です」と言い切る。

そうしないと、革命的な成長はできません。

そういう考え方で物事に取り組めば、若くして大金を稼ぐことも可能です。

大きな目標を掲げて動ける人が増えたら、もっともっと世界は面白くなるでしょう。


私は今、40代半ば。

このくらいの年代の人は保守的になり、「地道にやるのが一番」「転職なんて悪」「前例のないことはやらない」と思うようになりがちです。

しかし、今の時代、そんなこと言っていても成功なんてできないです。


何事もチャレンジ、そして行動。

それが伝わったらうれしいです。

私には学歴こそありませんが、行動力がありました。

鬼丸ホームの経営者として年間数十億の利益を上げ、さまざまな著名人と一緒に仕事できているのは、すべて「行動力」のおかげです。

動く力さえあれば、学歴がなくても諦めなくて大丈夫。

「10代で頑張ってこなかったから……」と諦めている人がいたら、「まだ間に合うよ！」と伝えたいです。

しかし、いつまでも行動せずにダラダラ生きていたら、どこかで「間に合わない」タイミングはやってきます。人生にはタイムリミットがありますから、行動し出すタイミングは早ければ早いほど良いでしょう。

私が人生で一番勉強したのは、20代半ばのころでした。

資格取得に向け、寝る間も惜しんで勉強した日々……。あの毎日があったからこそ、今があります。

今だから言えることですが、「10代のころにあの熱量で勉強できていたら、もっと上を目指せたのでは？」と思うことがあります。**動き出すのが早ければ早いほど、世界も早く大きく変わる**。それは間違いありません。

しかし、若いときはなかなか気づけないものなのです。

将来自分が何をしているかなんて想像できませんし、何事も失わないと貴重さはわかりません。


学歴がなくても、行動力があればいつだって人生は変えられる。

その気づきは早ければ早いほどいい。

そう思いながら、毎日を過ごしてみてはいかがでしょうか。

すべては行動で変えられるのですから。

鬼丸直樹

鬼丸直樹（おにまるなおき）

鬼丸ホーム株式会社　代表取締役
1978年生まれ。「幸せな家づくりを求めるお客様に、安心して満足のいく夢のあるマイホームを提供する」を理念に、お客様のための住まいをつくる社長。BREAKING DOWNのスポンサーとして話題沸騰中。
鬼丸ホーム株式会社　ホームページ：https://onihome.co.jp/

まずやってみる行動力の鬼

2024年10月23日　初版発行

著　者　鬼丸直樹
発行者　野村直克
発行所　総合法令出版株式会社
〒103-0001　東京都中央区日本橋小伝馬町15-18
EDGE小伝馬町ビル9階
電話　03-5623-5121
印刷・製本　中央精版印刷株式会社

ISBN 978-4-86280-966-7
総合法令出版ホームページ　http://www.horei.com/